新NISAではじめる米国株投資

成美堂出版

本書の使い方

本書は「これからNISAで米国株投資を始めたい」という人に向けて新しくなったNISA制度についてや米国株の個別銘柄、投資信託の売買法、投資のコツなどをわかりやすく説明しています。

豊富な図版で解説

NISAや米国株投資に関するさまざまな知識を豊富な図版で丁寧に解説しています

内容が一目でわかる

各テーマの見出しを読めば、そのページに書かれている内容が一目瞭然です

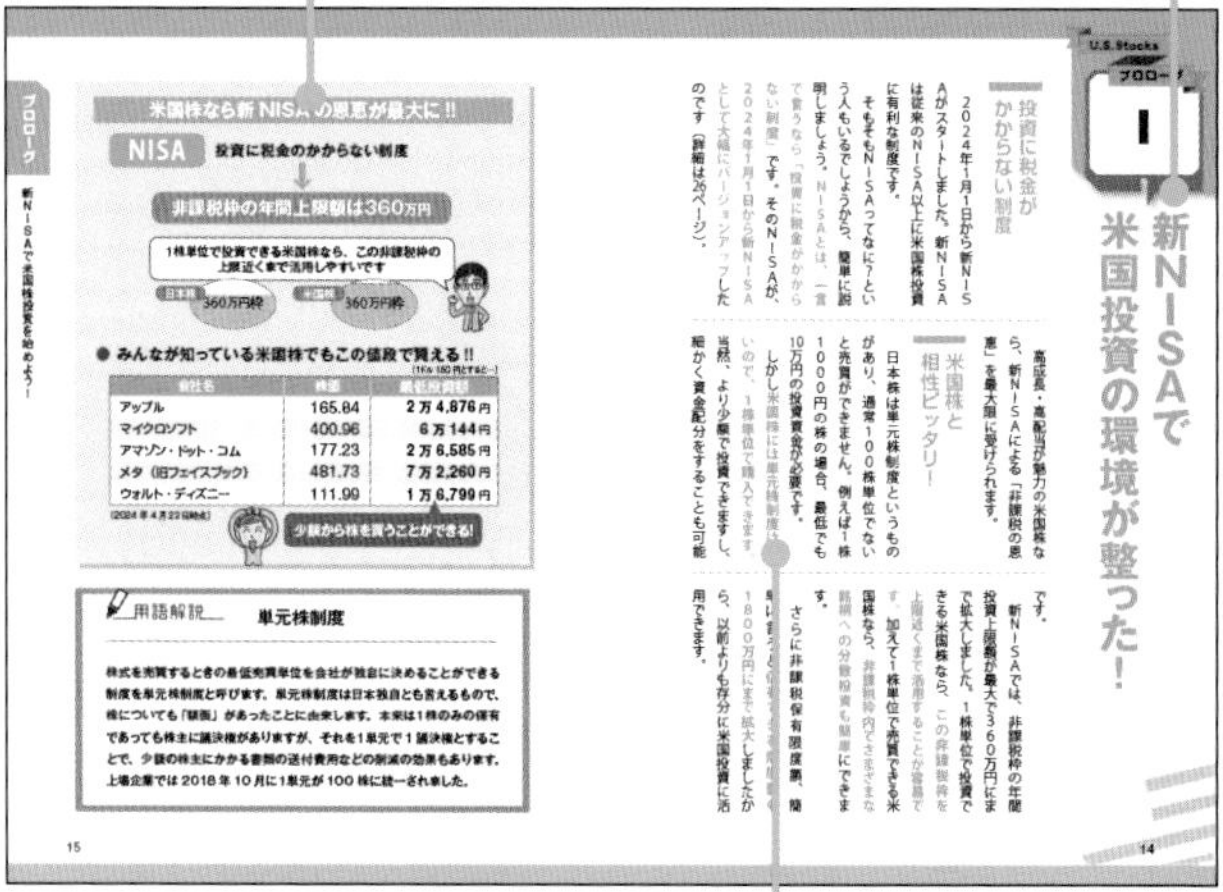

大切なポイントを強調

本文中の特に重要な部分について、太字色文字で強調しています

目的が明確な人は、ここからスタート!

※本書は、原則として 2024 年4月現在の情報をもとに編集しております。

はじめに

「日経平均も史上最高値を更新したのになぜ米国株なのか」

私が「新 NISA では米国株に投資すべき」と言うと、よく質問されることです。たしかに、2024 年2月に 34 年ぶりに日経平均がバブル期に記録した最高値を更新しました。日本株も好調で、日本経済も徐々に復活してきています。

ですが、米国を見てください。日本のバブル後に米国が見舞われたITバブルもリーマンショックもとっくに克服しています。加えて、株価も史上最高値をずっと更新し続けています。34 年たって、ようやくバブル崩壊を克服できた国と、ずっと成長し続けている国、どちらが経済成長しているかは言うまでもありません。私たちの回りにある物・サービスが、マイクロソフトやアップルやアマゾン、テスラなど米国企業によるものが増えていることも象徴的でしょう。

また、この本を手に取った多くの人は日本に住み、日本の会社から日本円で給料を得ていることでしょう。これは人生を日本経済、日本円に全力投資しているとも言えます。日経平均が不調だったときには、皆様の給料はほぼ上がらず、日経平均が上がってきた最近になってようやく賃上げが行われているということも、その象徴です。

日本経済が好調だと日本株も給料も上がりますが、日本経済が不調だと日本株は下がり給料も下がる、もしくは上がらなくなります。そんな状況で資産運用も日本経済を対象に行ってしまうと、給料だけでなく、資産まで同じ目にあってしまいます。「資産」と「給料」の連動性が強すぎるのです。

2024 年から始まった新 NISA は、「安定的な資産形成」を目的としています。本当の意味で安定的に資産を形成するためには、「資産」と「給料」は連動しないようにする必要があります。

その際に最も適切なのは世界最大の国家であり、また真の意味でグローバル展開をしている米国企業・米国株です。ぜひ新 NISA で米国株投資を始めましょう。

株式投資自体が初めてという方でも理解できるように、基本的な説明もフォローしています。ぜひ、米国株投資の世界に足を踏み出してみてください！

金融工学 MBA　岸　泰裕

ある日のこと
今日は散歩どこいく？
たしかにお金は大事だけど…
今のままでもいいんじゃない？ちゃんと貯金とかしてるし
余裕でしょ
え？まだそんなこと言ってるの？
この前NISAをはじめようって言ったじゃない！
ニーサ！
ゔ…
気になる…
ごめん…聞いたけれど内容を忘れちゃった。
アナタとは将来に対する考え方が違い過ぎるみたいね
別れましょう
えーっ…
あの…投資の勉強をしたいならボクのボランティアの勉強会に来ませんか？
山岸と申します！
だれ？？？
NISAのことと米国株のことを学べますヨ！
基礎からしっかり
詳しく聞かせてください！
ありがと
この犬名刺を渡してるーっ
さっ
名刺

勉強会の日
「物価は上がっている」
「税金も上がっている」
貯金だけでなく投資もしなくてはいけない時代になっています
そうですよね
ほらね
そうなのか…
ぐっ
この犬参加してる—っ
国も国民に投資して将来に備えてほしいと思っているのでは？
その証拠がNISAという制度です
投資したときの利益に対して税金がかからない制度ですよね？
はいっ
はい、つみたて投資枠と成長投資枠の2つがありそれぞれ年間で120万円、240万円の投資ができるんです！
投資して儲かっても税金を払わないといけないの??
そうです、通常は利益の20.315%の税金がかかるんです
もし100万円儲かったとしても税金で20万3,150円もっていかれるんです
マジで!?!?
でもNISAなら利益に税金はかかりません!!
お
でも投資ってそんなに儲かるもんじゃないでしょ？

※積み立ての計算結果は金融庁の「つみたてシミュレーター」による

3%5%どころじゃないんです!!!
へーそんなのあるんだ
この犬しゃべってる…
やっとわかった？
最初は少額をつみたて投資枠で積み立てていけばいいと思いますョ
余裕資金ができて、個別銘柄への関心も高まってきたら
へーーっ
成長投資枠を使って個別銘柄に投資するのもいいでしょう
なるほどー
私、アイフォンを愛用していてスティーブ・ジョブズの大ファンなのでアップルに投資したい!
ボクもNISAはじめます!
ボクは…
私は…
がんばってください
先生、今日はありがとうございました!
ペコリ
いえいえ
さっ
えっ？私にくれるの？
ありがとう
新NISAでは米国株投資
よかったら、それ読んでもっと勉強してみてください
はい!
ボクには本ないの──っ!???
キミには投資しても意味なさそうだからね!
えーーっ
わーい♥
はい、どーぞ
本編へGO

新NISAではじめる　米国株投資

もくじ

PART 2 NISA口座の開設と株取引のキホン 39

PART 3 つみたて投資枠で堅実に増やす! 55

PART 4

成長投資枠で米国株の個別銘柄に投資する

本書のご利用にあたって

本書は経済情報ならびに投資に役立つ情報の提供を目的としたもので、特定の金融商品の購入や投資行為の推奨を目的としたものではありません。また、本書ならびに執筆者が投資の結果に責任を持つものではありません。投資およびそのほかの活動の最終判断は、ご自身の責任のもとで行ってください。

※ 本書は、2021年に小社より発行した『はじめての米国株入門』を改題のうえ、加筆、再編集したものです。

プロローグ

新NISAで米国株投資を始めよう！

新NISAで米国投資の環境が整った!

投資に税金がかからない制度

2024年1月1日から新NISAがスタートしました。新NISAは従来のNISA以上に米国株投資に有利な制度です。

そもそもNISAってなに?という人もいるでしょうから、簡単に説明しましょう。**NISAとは、一言で言うなら「投資に税金がかからない制度」**です。そのNISAが、**2024年1月1日から新NISAとして大幅にバージョンアップした**のです(詳細は26ページ)。

高成長・高配当が魅力の米国株なら、新NISAによる「非課税の恩恵」を最大限に受けられます。

米国株と相性ピッタリ!

日本株は単元株制度というものがあり、通常100株単位でないと売買ができません。例えば1株1000円の株の場合、最低でも10万円の投資資金が必要です。

しかし**米国株には単元株制度はないので、1株単位で購入できます。**当然、より少額で投資できますし、細かく資金配分をすることも可能です。

新NISAでは、非課税枠の年間投資上限額が最大で360万円にまで拡大しました。1株単位で投資できる米国株なら、**この非課税枠を上限近くまで活用することが容易です。**加えて1株単位で売買できる米国株なら、**非課税枠内でさまざまな銘柄への分散投資も簡単**にできます。

さらに非課税保有限度額、簡単に言うと**保有できる限度額も1800万円にまで拡大**しましたから、以前よりも存分に米国投資に活用できます。

米国株なら新NISAの恩恵が最大に!!

NISA 投資に税金のかからない制度

↓

非課税枠の年間上限額は360万円

1株単位で投資できる米国株なら、この非課税枠の上限近くまで活用しやすいです

日本株 360万円枠

米国株 360万円枠

● みんなが知っている米国株でもこの値段で買える!!

(1ドル150円とすると…)

会社名	株価	最低投資額
アップル	165.84	**2万4,876**円
マイクロソフト	400.96	**6万144**円
アマゾン・ドット・コム	177.23	**2万6,585**円
メタ(旧フェイスブック)	481.73	**7万2,260**円
ウォルト・ディズニー	111.99	**1万6,799**円

(2024年4月23日時点)

少額から株を買うことができる!

用語解説 **単元株制度**

株式を売買するときの最低売買単位を会社が独自に決めることができる制度を単元株制度と呼びます。単元株制度は日本独自とも言えるもので、株についても「額面」があったことに由来します。本来は1株のみの保有であっても株主に議決権がありますが、それを1単元で1議決権とすることで、少額の株主にかかる書類の送付費用などの削減の効果もあります。上場企業では2018年10月に1単元が100株に統一されました。

プロローグ 2

資産運用は新NISAで十分！

つみたて投資枠と成長投資枠の2本立て

新NISAは**「つみたて投資枠」と「成長投資枠」の2本立てです。**この2つを有効活用することで、老後資金用の資産運用としては十分です。

例えば「つみたて投資枠」では「ゆっくりだけど堅実に増やす」ことを目的に、月10万円を上限にして米国株全体へ投資する投資信託で運用を検討します。

そして**「成長投資枠」では余裕資金や今まで積み立て投資をしていた資金を移動させて、米国個別株へ投資し、「積極的に増やす」**ことを目的に運用します。

45歳からでも十分に間に合う！

かつて話題になった老後2000万円問題を例に考えてみましょう。**例えば45歳から資産運用を始めたとします。20年後の65歳までつみたて投資枠で月5万円を積み立てた場合、年5%で運用できれば達成可能です。**この年5%の運用難易度はどうでしょうか？

米国株の投資信託、例えばeMAXIS Slim米国株式（S&P500）なら、**設定以降の平均利回りは年間32・66%、コロナ禍などもあった過去3年でも年間22・55%も記録しています。**年5%なんて目ではありません。

さらに、すでに投資をしている資金や、手元に余裕資金がある場合は**240万円の成長投資枠も活用するのがオススメです。**残念ながらすでに投資済みの特定口座からNISA口座への商品の移管はできないため、一度売却が必要ですが、税金がかからないメリットは早めに大きくとった方が最終的には有利です。

つみたて投資枠と成長投資枠を両活用

新NISA

つみたて投資枠	成長投資枠
ゆっくりだけど 堅実に増やす	余裕資金などで 積極的に増やす

● 積み立て投資で時間を味方にする

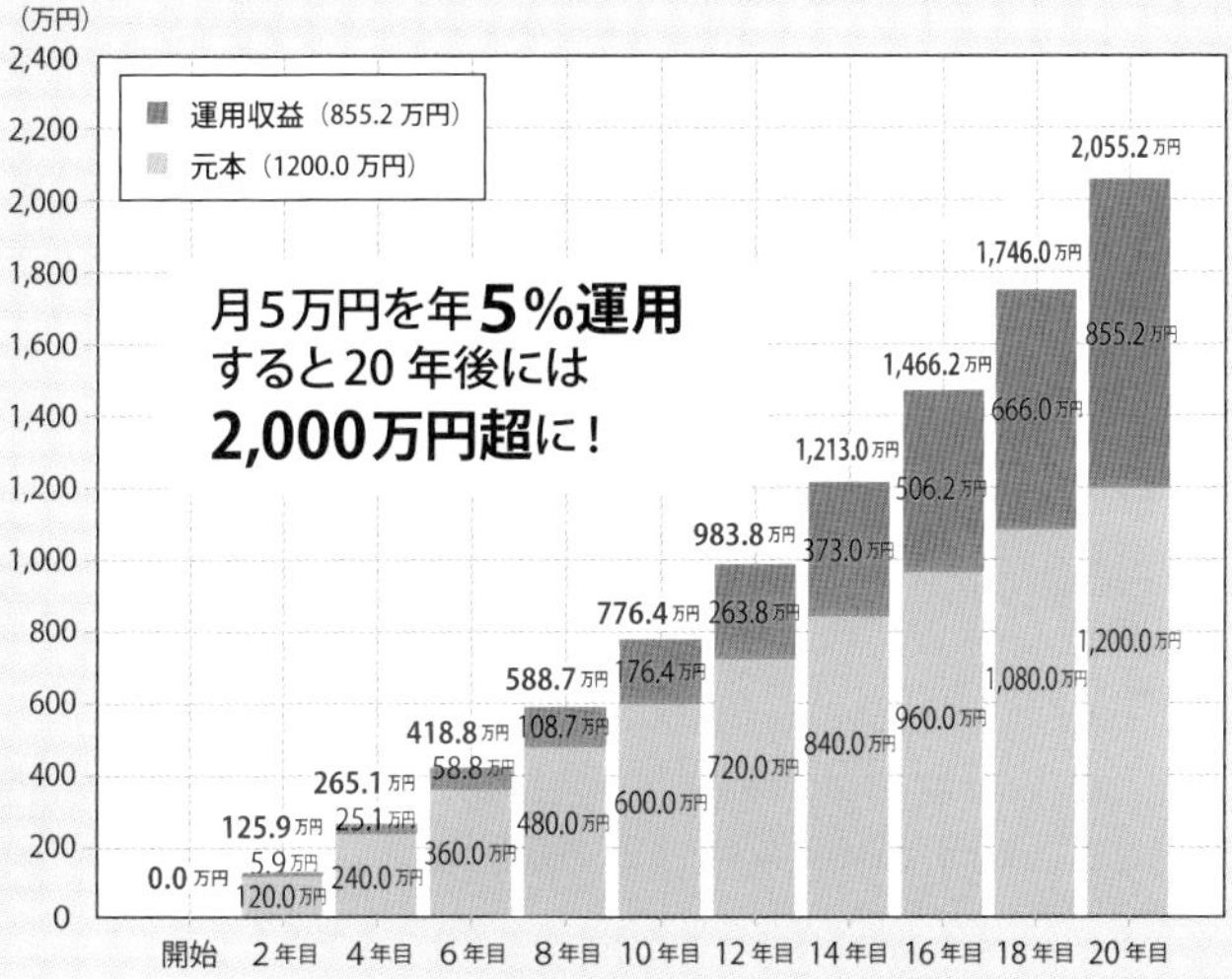

金融庁「資産運用シミュレーション」より作成（手数料、税金などは考慮していない）

eMAXIS Slim 米国株式（S&P500）なら

平均利回り年間 32.66%

過去３年でも 22.55%

年5%なんて目ではありません！

3

世界トップに君臨し成長続ける超大国・米国

米国は今でも世界のトップに君臨

米国は今日でもGDPが世界トップ。しかも人口が増加し続けている国です。1人当たりGDPで見ても、現在高成長している中国やインドと比べても上位です。

これは米国の1人当たりの生産性が高いということを示しています。**働きすぎと言われたりしている日本人よりもアメリカ人の方が、よっぽど効率的にお金を稼いでいる**わけです。

人工知能などで知られるオープンAIなどのイノベーションが発生するのもやっぱり米国。

1人当たりの生産性が高くて、今後も人口が増加していき、イノベーションが発生する**世界最大の国・米国。投資先としてほぼ完璧です。**

自国で完結できるから世界最大・最強

さらに米国は自国内でエネルギーから製造、消費まですべて完結できます。食料も自給率100%超えなので**他国に媚びる必要もありません。世界最大であり最強です。**

そんな米国は、20年後もナンバー1であることはほぼ確実だと私は考えます。

加えて現在、米国はエネルギーを餌にして世界中から製造業を呼び込んでいます。徐々に、米国は製造産業の国になりつつあるのです。

また政治と経済が直結しており、政治が動くときは経済が上昇する傾向にあります。**政治が経済や市民の給与に大きく影響します。**だからこそ米国では、大統領選挙などの政治に一般市民が熱狂するわけです。

そして、政治家は有権者の期待に応えるべく、経済面でもしっかりと結果を出そうとします。

成長を続ける超大国・米国

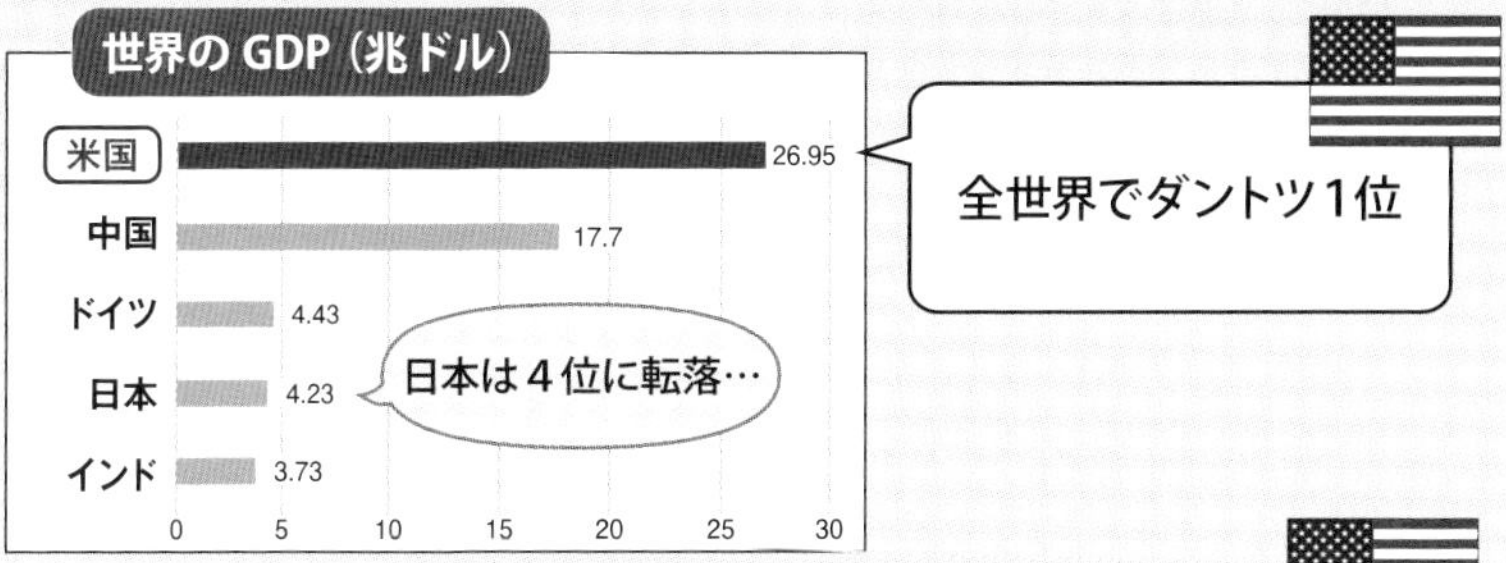

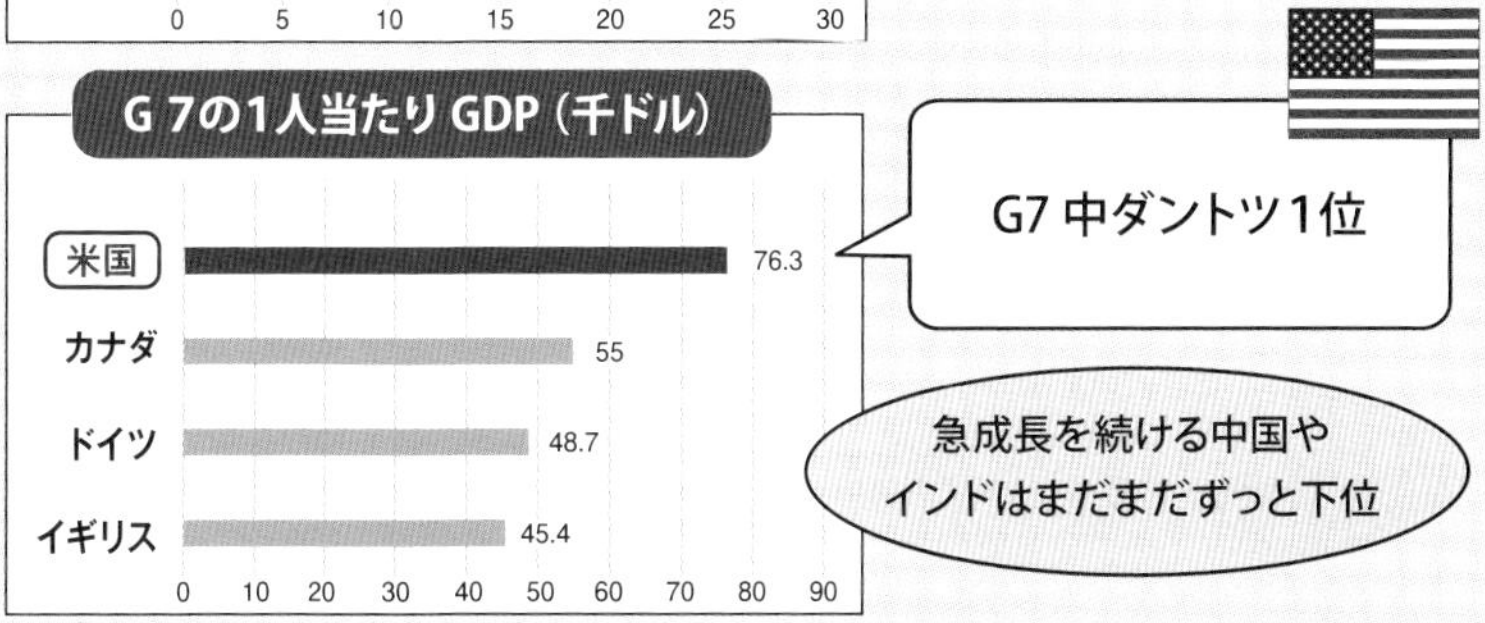

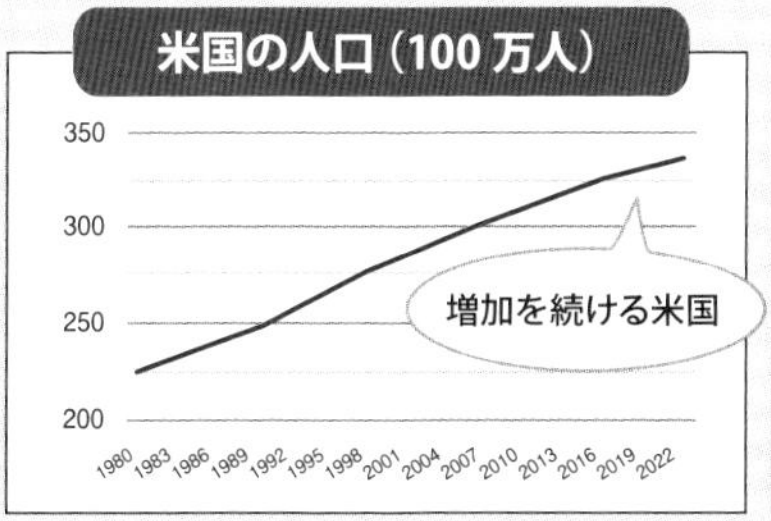

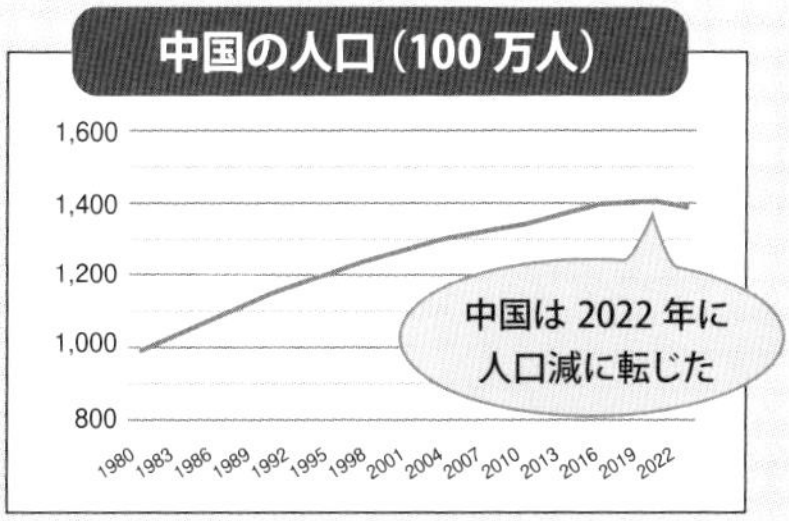

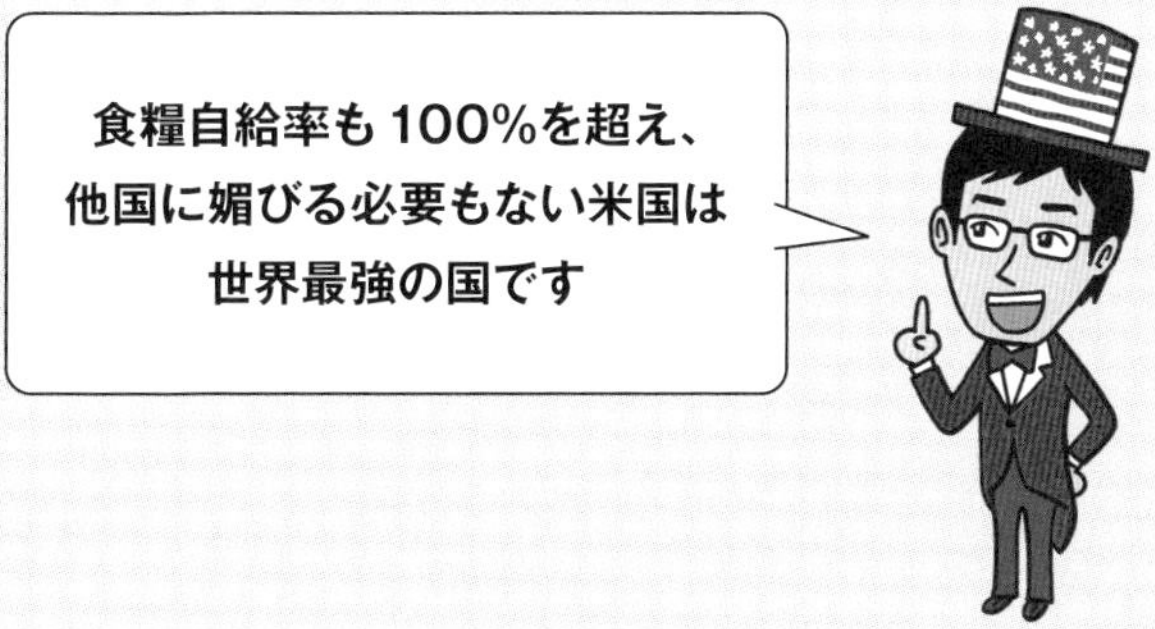

U.S.Stocks

プロローグ 4

やっぱり高成長な米国株！

老舗企業なのにまだまだ成長！

米国がいまだに世界一であることは、当然、米国の株価にも反映されます。例えば、私たちの身近にある「コカ・コーラ」。**一見、成長しきっている会社のように見えますが、ここ数年でも売り上げは急成長しています。**２０２３年も過去最高の売り上げを記録。１年間で６％も売り上げが増加しました。まだまだ成長していきそうです。

また、株価が少し苦戦しつつあるとは言え**アップルはスティーブ・ジョブズがいなくなって10年以上たちますが、今も世界最大級の企業として健在**です。

衛星インターネットサービスでは、テスラの創業者イーロン・マスクが率いるスペースXのスターリンクが現在覇権を得ていますが、アマゾンなどが参入を発表。

すでに米国企業同士の戦いが始まっています。

プラットフォームを牛耳っている！

米国企業の強さは何と言っても、**プラットフォームを作り上げていることです。**

日本でもアマゾンを全く使ったことがない人は少ないでしょう。例えば、**いい商品を作ってもアマゾンというプラットフォームへ依存しないといけません。**それを世界に展開できているのです。

電気自動車のテスラも実はプラットフォーマーです。**充電器を世界展開し充電器インフラを押さえています。**これで各種データを把握、世界中の移動データを牛耳っています。

このように、米国企業の現場や展望を見ても高成長の材料しかありません。

米国株は高成長!!

コカ・コーラ売上高（百万ドル）

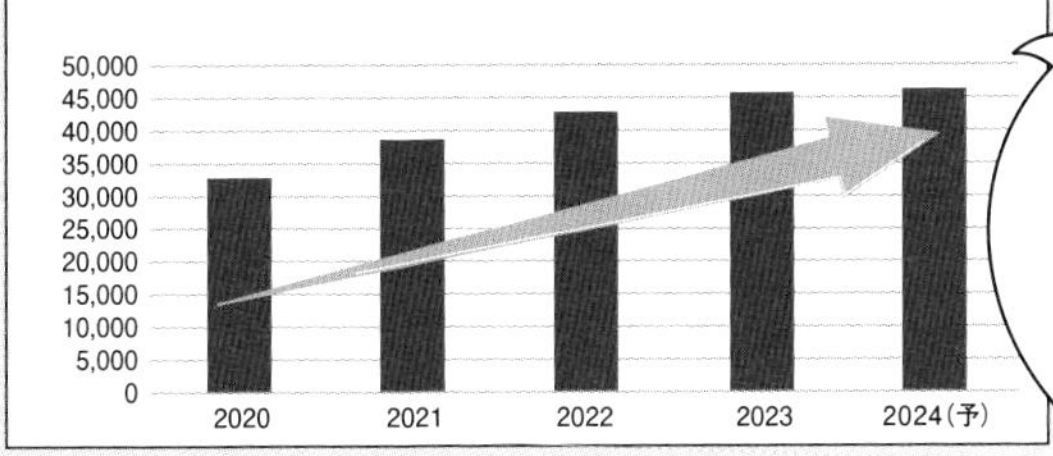

コカ・コーラは成長しきっている会社のように思われるが、ここ数年は売り上げ急成長！！

●アップル（AAPL）

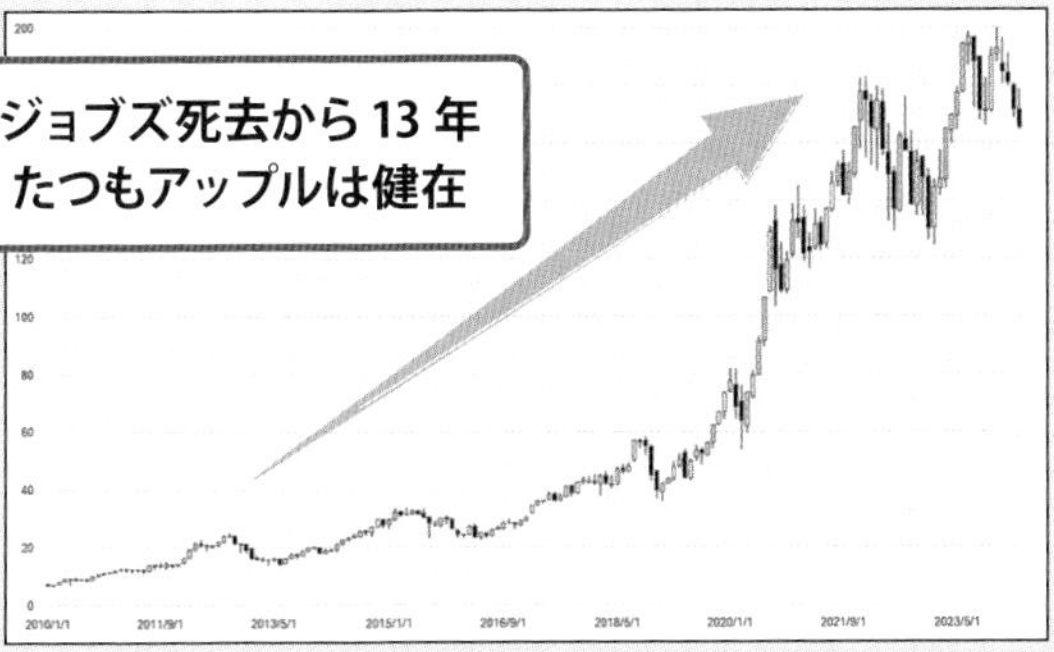

チャート：著者作成

プラットフォームを作り上げている

充電器インフラ

アマゾンの経由での販売

5 米国株投資 新ＮＩＳＡ活用のメリット

利益が出ても税金が取られない

株価の値上がり期待が大きい米国株。利益が大きくなると当然税金の額も大きくなります。証券会社の通常の特定口座で取引をした場合、税率は利益の20・315％です。

しかし**ＮＩＳＡ口座なら、この税金が取られません**。例えば10万円の利益が出たとします。**通常の特定口座だと2万円以上が税金でとられてしまいますが、ＮＩＳＡ口座なら税金は0円です**。

そう考えると、ＮＩＳＡ口座のメリットはとても大きいですよね。

米国株配当金の税金は米国での課税分だけ

ＮＩＳＡ口座なら、配当に関してもメリットが大きいです。米国株は値上がりだけでなく高配当銘柄も多くなっています。ただしこちらは仕組みが特殊なので注意が必要です。

米国からの配当を受け取った場合、特定口座では10％が米国で課税され、その後20・315％が日本で課税。そして確定申告で米国での課税分の一定額が戻ってくるという仕組みになっています。

ＮＩＳＡ口座を利用する場合は、**最初の10％の米国での課税だけが発生します**。例えば10万円の配当を受け取った場合、特定口座では利益のとき同様に2万円以上が税金でとられてしまいますが、**ＮＩＳＡ口座を使えば米国課税分の10％、1万円しかとられません**。

日本株投資に比べて配当が大きい米国株だからこそ、ＮＩＳＡ口座によって税金が半分以下になることは大きなメリットです。

こうした非課税分のメリットを考慮すると資産運用の効率も大きく違ってきます。

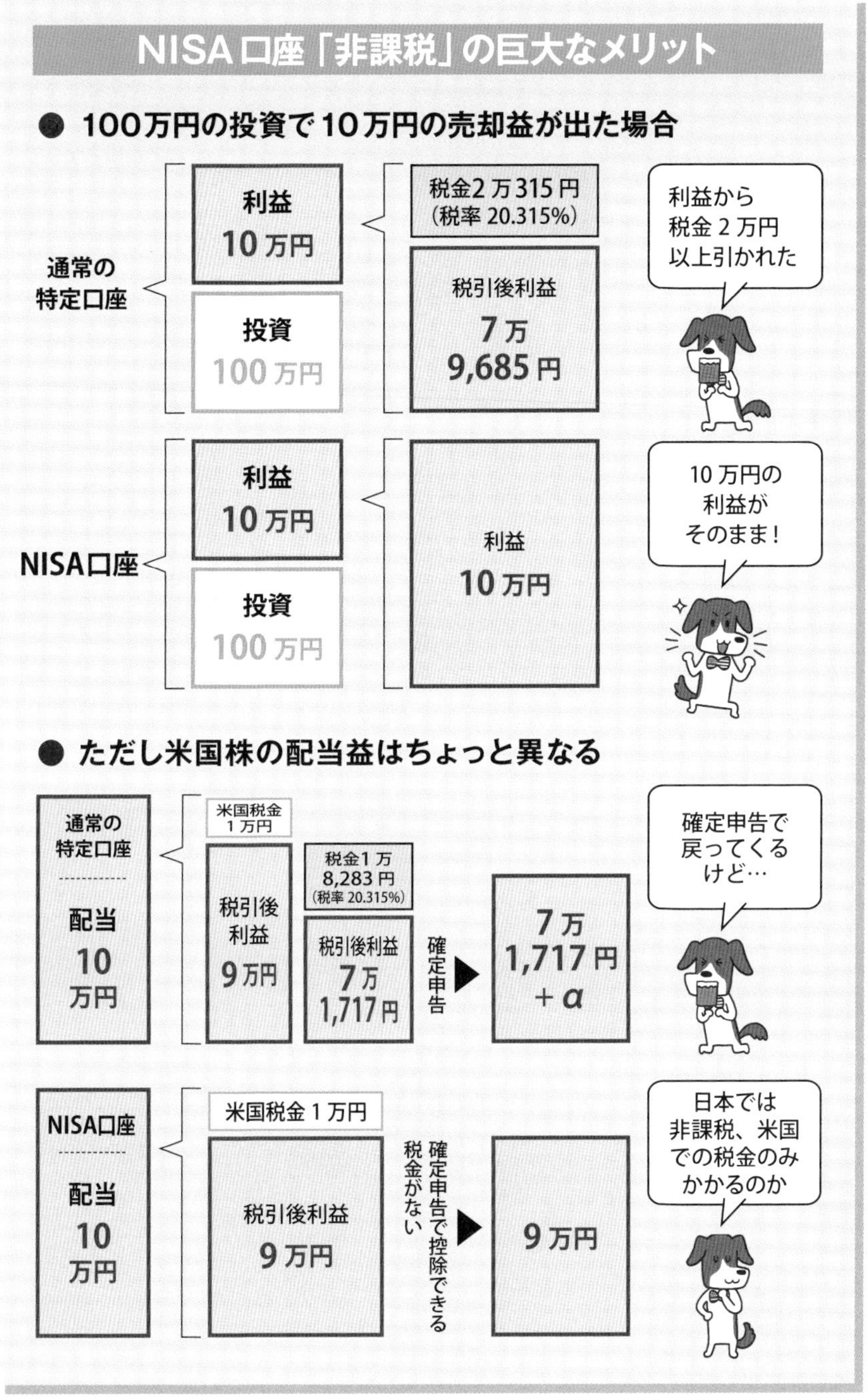
NISA口座「非課税」の巨大なメリット
● 100万円の投資で10万円の売却益が出た場合
通常の特定口座
利益 10万円
投資 100万円
税金2万315円（税率 20.315%）
税引後利益 7万9,685円
利益から税金2万円以上引かれた
NISA口座
利益 10万円
投資 100万円
利益 10万円
10万円の利益がそのまま！
● ただし米国株の配当益はちょっと異なる
通常の特定口座
配当 10万円
米国税金 1万円
税引後利益 9万円
税金1万 8,283円（税率 20.315%）
税引後利益 7万 1,717円
確定申告
7万 1,717円 ＋α
確定申告で戻ってくるけど…
NISA口座
配当 10万円
米国税金1万円
税引後利益 9万円
確定申告で控除できる税金がない
9万円
日本では非課税、米国での税金のみかかるのか

To start U.S.stocks
investment with NISA

COLUMN 1

投資はやらないといけなくなった？

長く続いたデフレも終了しつつあり、インフレという言葉も聞こえてくるようになりました。経済指標を眺めるまでもなく、日常生活で物価上昇を感じるような日々が続いています。当初はモジモジしながら値上げしていた商品価格も、最近は堂々と値上げを宣言するようになってきました。

デフレが長すぎたことで、私たちはなんとなく「このインフレもいつか元に戻る」と考えがちかもしれませんが、この状態は一過性のものではなく、まだしばらくは続きそうです。なぜなら、日銀や政府は物価上昇の目標を2％に設定しているからです。少なくとも私たちは、今後しばらくの間は「毎年2％ずつ物価が上昇していく」と考えておいた方がよいでしょう。

そう考えるなら、自分の資産も「年2％以上で増えていかないと目減りしてしまう」ということになります。当然、預貯金の利息で年利2％は不可能です。預貯金が無理なら、選択肢は投資ということになります。年2％以上で増やしたいと思うなら、投資は「やらなくてはいけないもの」になっているのです。

投資でなら年2％のパフォーマンスは十分に可能です。米国株なら、その可能性はさらにアップするでしょう。

PART 1

24年スタートの新NISAとは？

そもそもＮＩＳＡってなに？

税金面で優遇がある投資方法

改めてＮＩＳＡについて基本的な部分を説明しておきましょう。**ＮＩＳＡとは、金融庁、すなわち国による長期投資推進制度のこと**です。

投資できる金額が**年間３６０万円**と制限がありますが、**この範囲での投資にかかわる利益については無期限で税金がかかりません。**

また、**ＮＩＳＡで利用できる投資信託はコストの安い、長期投資に向いたものが選ばれています。**米国をＳ＆Ｐ５００に投資する投資信託が複数選ばれています。毎月コツコツと続けていきたいという方は、ＮＩＳＡのつみたて投資枠（年間上限１２０万円）で米国投信への投資がオススメです。

積み立て以外も可能 成長投資枠

新ＮＩＳＡには、つみたて投資枠以外に成長投資枠というものもあります。もちろんこちらでも税金の優遇措置を受けられます。年間上限は２４０万円。**この利益も無期限で非課税**になります。

日本株の場合、単元株制度のために複数の銘柄に分散投資しようとするとＮＩＳＡの年間上限金額（個別銘柄が対象となる成長投資枠２４０万円）をオーバーしてしまいがちですが、**米国株は１株から購入できるので、枠内での分散投資も容易です。**

また、非課税保有限度額も新ＮＩＳＡでは１８００万円と拡大されました。より多くの金額を非課税で投資できるようになったのです。

なお、ＮＩＳＡを利用する際には、証券会社にＮＩＳＡ口座を開設する必要があります。

2024年スタートの新NISAとは？

新NISA		
年間投資上限額	つみたて投資枠	成長投資枠
	120万円	240万円
非課税保有限度額	1,800万円 （うち成長投資枠は1,200万円）	
非課税期間	無期限	
非課税の対象	売却益・配当／分配金	
対象年齢	日本国に住んでいる18歳以上	
対象商品	金融庁による一定の条件を満たした投資信託およびETF	上場株式、投資信託、ETF、REIT ※

※①整理・監理銘柄②信託期間20年未満、毎月分配型の投資信託およびデリバティブ取引を用いた一定の投資信託等を除外

SECTION 2

新ＮＩＳＡでなにが変わったの？①

口座開設期間無期限化 いつ始めても大丈夫

新ＮＩＳＡは２０２４年１月１日にスタートしましたが、それ以前にもＮＩＳＡ制度はありました。**新ＮＩＳＡは、それまでのＮＩＳＡとどう違うのでしょうか？**

過去のＮＩＳＡは「つみたてＮＩＳＡ」と「一般ＮＩＳＡ」に分かれていて、「つみたてＮＩＳＡ」「一般ＮＩＳＡ」ともに２０２３年までの口座開設が必要になっていました。そのため、投資を開始するタイミングによってはＮＩＳＡの恩恵が少ないという問題がありました。

しかし**新ＮＩＳＡでは恒久化となり、いつでも口座開設が可能**になりました。

ただし、税金が安くなるという意味では早く投資を始めた方がメリットが大きいことには変わりありません。

「つみたて」と「成長」同時利用が可能に！

従来の「つみたてＮＩＳＡ」と「一般ＮＩＳＡ」は併用不可でした。これが**新ＮＩＳＡでは併用が可能になりました。**資金力や市場の動向を見ながら柔軟に投資を行うことができます。

年間の投資上限が大幅に拡大！

従来は、つみたてＮＩＳＡは年間40万円まで、一般ＮＩＳＡは年間１２０万円の年間投資上限が設定されていましたが、**新ＮＩＳＡでは、つみたて投資枠が１２０万円、成長投資枠が２４０万円と、大きく増えました。２つを同時利用すると年間投資上限は３６０万円**になります。年間で投資できる金額が大幅に拡大されたのです。

旧NISAと新NISA ①

	旧NISA	新NISA
いつまで投資できる?	つみたて 2042年 一般 2023年	恒久化 （いつでも口座開設可能）
併用できる?	つみたて 一般 併用不可	つみたて ……… 成長 併用可
年間投資枠	つみたて 40万円 一般 120万円	つみたて 120万円 成長 240万円

※新 NISA 開始にともない旧 NISA の新規買付は終了となっています

旧NISAは2023年末で終了し、
2024年1月より新NISAがスタートしました。なお、
従来のNISAは2024年以降も非課税期間が終了
するまで新NISAとは別枠で運用されます

SECTION 3

新NISAでなにが変わったの？②

投資可能な金額も大きく拡大！

従来のNISAでは保有限度額が、つみたてNISAでの800万円か一般NISAでの600万円となっていました。

これが新NISAでは**つみたて投資枠、成長投資枠合わせて一気に1800万円へと大幅拡大しました（ただし、成長投資枠では1200万円が上限）**。

なお、**従来のNISAでの保有額は、この新NISAでの1800万円の枠とは別の計算**になります。すでにつみたてNISAをやっていた方は、新NISAの枠以上に非課税運用ができるということになります。

非課税となる期間が無制限になった

従来のNISAでは、つみたてNISAは20年間、一般NISAは5年間しか非課税期間がありませんでした。そのため、特に一般NISAでは5年ごとに保有銘柄を売却するか、翌年の投資枠を使って延長するか（ロールオーバー）、通常の特定口座に持っていくかを検討しなくてはいけませんでした。

しかし**新NISAでは非課税期間が無制限になるため、そのような制限から解放されます**。これによって、本当の意味での長期投資が可能になったのです。

また、**新NISAでは保有している銘柄や投信を売却すると、翌年にはその売却分の非課税保有限度額が復活します**。市場や世の中の変化に応じて、銘柄の入れ替えや売買をより柔軟に行えるようになりました。

利益の確定によって非課税枠が消滅せず復活するため、利益確定のハードルも低くなりました。

旧NISAと新NISA ②

	旧NISA	新NISA
保有限度額	つみたて　800万円 一般　600万円	1,800万円 （うち成長投資枠 1,200万円）
非課税期間	つみたて　20年間 一般　5年間	無期限

● 保有限度額は売却すれば翌年復活

当年		翌年
新NISAで投資	新NISA投資分を売却	売却した分の投資枠復活
120万円 → 上昇 →	200万円 売	120万円復活
保有限度額残り 1,680万円	保有限度額残り 1,680万円	保有限度額残り 1,800万円
	当年中は保有限度額に変化なし	売却した保有限度額は翌年に復活!!

※復活するのは売却額ではなく購入時の買値（薄価）

SECTION 4

新ＮＩＳＡ 国のねらいを理解しよう！

国民の積極的な投資を後押し

新ＮＩＳＡについて「本当にずっと非課税？」「この制度、信用していいの？」と思っている方もいるかもしれません。そのためにも、**国がどんなねらいで新ＮＩＳＡを推進しているか説明しましょう。**

２０２２年11月に新しい資本主義実現会議で「資産所得倍増プラン」が決定されました。これはＮＩＳＡやｉＤｅＣｏ（個人型確定拠出年金）といった税制優遇制度などを通して、**国民の積極的な投資を後押しして、資産形成と経済の活性化の両方を促進させようという政策**です。

国民の金融資産の半分以上が預金という状況を転換させようと考え、打ち出した策の１つが、この新ＮＩＳＡというわけです。

よりシンプルにメリットも大きく

また、近年は国際的な原材料の上昇などによる**物価上昇・インフレに対して、貯金による利息では追いつかない状況**が続いています。その点からも、投資による資産の増加がより重要になってきているのです。

そこで、今までのＮＩＳＡがわかりにくいという反省のもと、**もっとシンプルな形でメリットもより大きくするべきという考えのもとで新ＮＩＳＡが制度化されたわけです。**

さらに、こうして国民が積極的に投資を行うことで、日本経済が活性化し、経済成長にもつながるという思惑もあります（残念ながら本書では日本株ではなく米国株へ投資しようというスタンスですが）。

国が「投資でお金を増やしましょう！」という政策を進めているのですから、これに乗らないと損だと私は思うのです。

国は国民に投資して欲しい!!

● 家計の金融資産構成

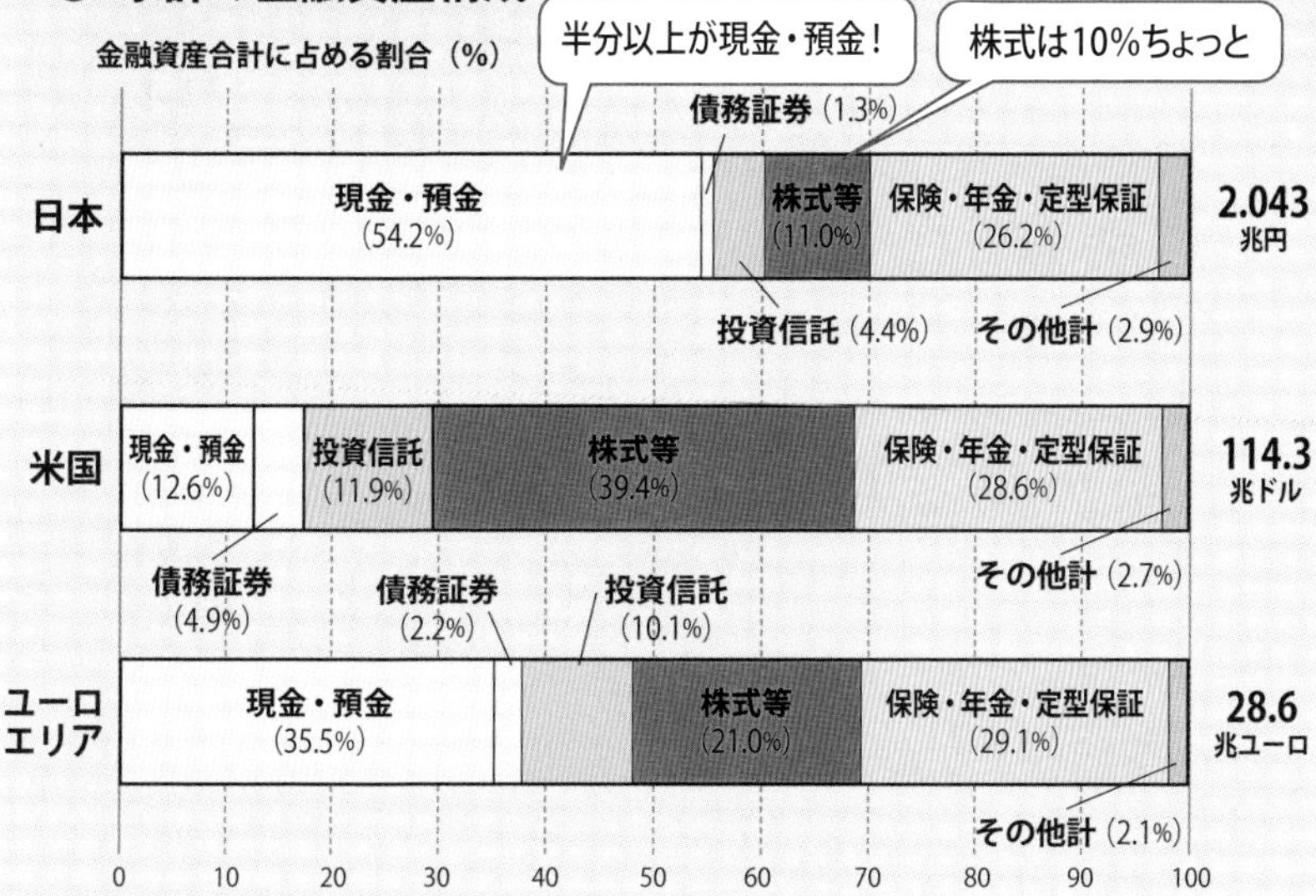

※「その他計」は、金融資産合計から、「現金・預金」、「債務証券」、「投資信託」、「株式等」、「保険・年金・定型保証」を控除した残差。

出所：「資金循環の日米欧比較」（日本銀行調査統計局）

● 消費者物価指数の推移

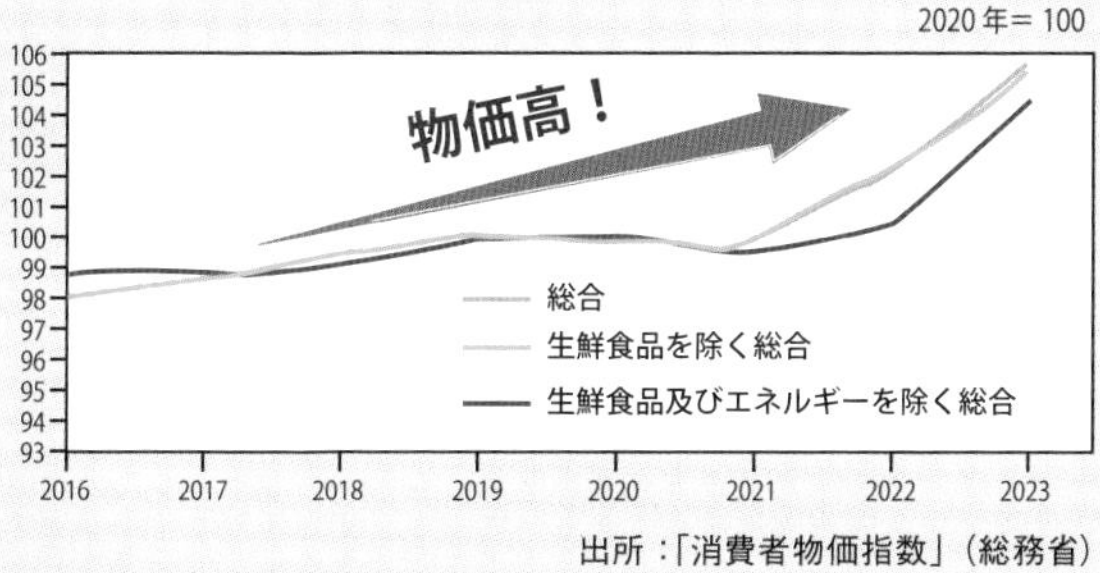

出所：「消費者物価指数」（総務省）

預金の利息では物価上昇による
インフレに追いつかない状況です

SECTION 5

新NISAの活用戦略 つみたて投資枠編

初心者はつみたて投資枠で

新NISAはつみたて投資枠と成長投資枠に分かれています。それぞれの活用戦略を説明しましょう。

初めて投資をする方、銘柄選びに自信のない方は、つみたて投資枠で「米国株へ投資をする投資信託」を月1万円からでも始めてみましょう。過去の米国市場の変化を見る限り、投資期間が30年程度あるなら、月1万円の投資でも老後の資金はある程度は貯められます。

ここで認識すべきは、つみたて投資枠で毎月定額で投資をする場合、実は**「投資を初めた前半は投資信託の基準価額（購入価格）が下がった方が最後は得をしやすい」**という点。毎月定額で投資する場合、投資信託の値段が下がっている方が多数の投資信託を購入できるからです。

最初は安い値段で多く買っておく

例えば、1万円の投資をする際に、投資家Aはある投資信託の1口価格が1万円のときに投資しました。一方、投資家Bは同じ投資信託を1口価格が５０００円に下落しているときに投資しました。**投資家Aは投資信託を1口しか買えませんが、投資家Bは投資信託を2口購入できました。**その投資信託が、最終的に1口2万円に値上がりしたなら、**投資家A（1口購入）の投資資金は2倍の2万円に、投資家B（2口購入）の投資資金は4倍の4万円になります。**

投資の基本は安く買い高く売る。開始当初は値段が下がっている方がよいと考え、日々の変動に一喜一憂しないこと。むしろ**「値下がりしてるから、たくさん買えてラッキー！」**ぐらいの気持ちでいましょう。

つみたて投資枠をこう活用する!!

● 投資初心者はつみたて投資枠でスタート

初めて投資する人　銘柄選択に自信のない人

▽

つみたて投資枠で「米国株へ投資する投資信託」で月1万円からスタート

過去の米国市場の推移を見る限り
月3万円を米国株投信で30年積み立てれば
老後資金には十分です!

● つみたて投資枠での投資当初は価格が下がっている方がお得?

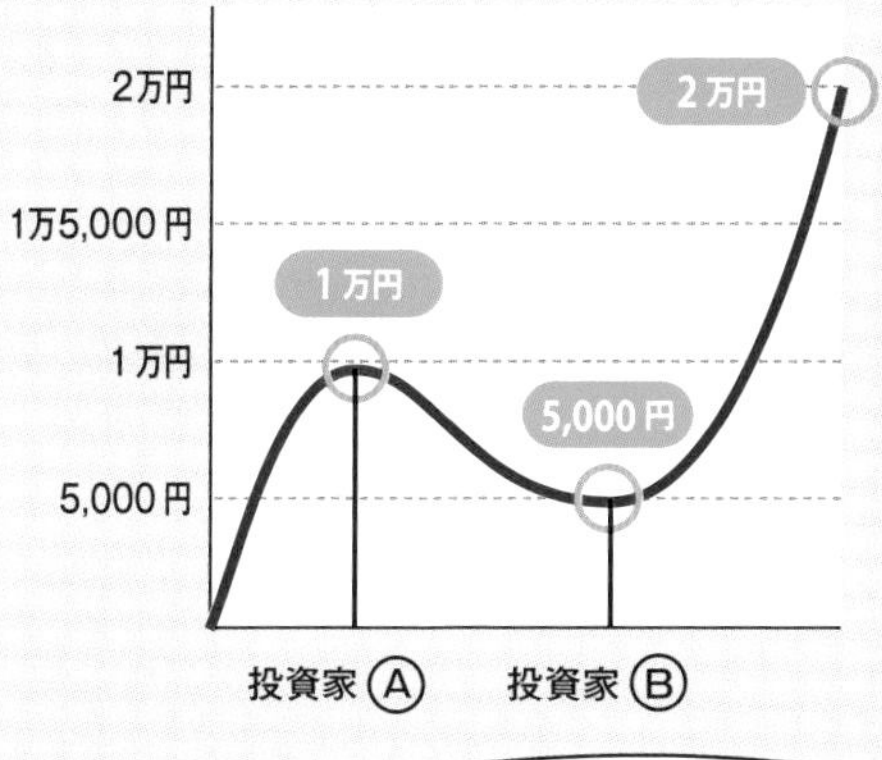

1万円を投資する場合

Ⓐ 1口1万円のとき→1口購入できる
Ⓑ 1口5,000円のとき→2口購入できる

↓

最終的に1口2万円になったとすると

Ⓐ 投資資金は**2万円**に
Ⓑ 投資資金が**4万円**に

つみたて投資枠での投資は、投資している
間は値下がりしていた方が多く購入できます

SECTION 6

新NISAの活用戦略 成長投資枠編

成長投資枠では積極的な運用を

成長投資枠では、高成長または高配当の個別銘柄に投資をしましょう。こちらでは積極的に資産を増やすことを目指します。

投資のキーワードは「早めに」「大きく」「（資金に余裕があるなら）最後は上限まで」。

多くの企業は配当を年に1回か2回出しています。ちょっとした遅れが、配当のチャンスを逃すことになりかねません。また経済や会社というものは常に成長していきます。特に私たちが投資をするような上場している米国株の多くは、まだまだ成長していく銘柄ばかりです。

配当をもらう前に、または成長してしまう前に投資をしておくことで、ＮＩＳＡの恩恵を最大限に享受できます。

年間投資上限額に注意しておく

ただし、年間の投資上限額には注意が必要です。

ぜひ投資したいという銘柄が出てきても、さらに資金の余裕があったとしても、年間では２４０万円までしか成長投資枠は使えません。**１年間で２４０万円をどのように投資していくか計画を練っておくとよいでしょう。**

また、すでに２４０万円以上の投資を総合口座（普通の株式口座）で行っている場合は、総合口座の２４０万円分を売却してから、改めて新ＮＩＳＡで投資し直すのがオススメです。

一度売却してしまうと、利益があればその時点で課税されてしまいますが、その後の値上がり分や配当分が非課税になることで、税金分は十分に取り返せるでしょう。

成長投資枠はこう活用する!!

成長投資枠 ▶ **高成長・高配当の個別銘柄に投資**

2つのキーワード

「早めに大きく」

米国企業は常に成長している。配当をもらう前に、成長してしまう前に投資をしておくと恩恵も大きくなる！成長に早く乗る！

「最後は上限まで」

年間投資上限 240 万円をフルに活用する。毎年 11 月ごろには成長投資枠を使いきれているか確認し、枠に余裕があるなら可能な範囲で何かに投資しておく

余裕があれば 240 万円の枠をフルに活用する

1月 ―――― 12月

11 月ごろに成長投資枠をフルに使いきれているか確認する

成長投資枠はフルに活用するのがオススメ

資金的に余裕があるなら、**毎年240万円を成長投資枠に入れていくことが最も得をします。**

自分の資産や給料を見ながら、つみたて投資枠の金額を調整したり、新NISA以外の貯金や投資から成長投資枠への移行を検討していくとよいでしょう。

特に**毎年11月ごろには成長投資枠を使い切れているか確認をし、使い切れていなければ可能な限り何かに投資しておくよう、意識したいものです。**単元株という制度がなく、単価が安い米国株であれば、投資枠を上限近くまで使い切ることが可能になります。

To start U.S.stocks
investment with NISA

COLUMN 2

米国株投資と日本人

米国株をはじめとした外国株投資は、2000年ごろまでの日本人にとってはマニアックな株式投資という扱いでした。

実際、当時は外国株を取り扱う証券会社も少なく、「米国株は〇〇証券」「中国株なら〇〇証券」と利用しやすい証券会社が固定されていました。

以前の証券業界は大手証券は日本株を軸にし、中堅証券は外国株やトレーディングなど、それぞれの得意分野に特化していて、業務のすみわけができていたためです。

ところが2010年の東証のシステム変更を契機に、証券業界の淘汰が行われた結果、証券会社ごとの特徴は少なくなりました。

さらに、2019年の米国株取引手数料の引き下げ競争が米国株ブームに火をつけたのです。

それまでは1回の売買をするのに5ドル必要だった最低手数料が、劇的に安くなったのです。現在ではネット証券大手の手数料などは無料、もしくは0・01ドルなどと非常に低くなっています。

米国株が少額でも投資しやすいという特徴に加えて、このような日本での投資環境の変化も手伝って、多くの投資家が手軽に取引できる株式投資になったのです。

PART 2

NISA口座の開設と株取引のキホン

SECTION 1

NISA口座は証券会社か銀行で開設する

1人につき1口座しか開設できない

ここからはNISAで実際に売買するために必要な手続きに関する説明を進めていきましょう。

NISAを利用できるのは、**その年の1月1日時点で18歳以上である日本の居住者（日本に住所がある人）**です。

ただし、**NISAは1人につき1口座しか持つことができません**から、どこで開設するかは重要なポイントです。口座は証券会社、もしくは銀行などで開設する必要があります。

銀行での開設にはいくつかのデメリット

銀行でNISAの口座を開設する場合、ネット証券と比較するといくつかのデメリットが生じてしまいます。

①つみたて投資枠の取扱商品数が証券会社より少ない

②成長投資枠で投資をする場合も、個別株式に投資ができない

③手数料が高い

最初は銀行で口座を開設したけれど、「使い勝手がよくないので証券会社に口座を変更したい」という場合も1年単位でなら可能です。しかし、その間は思った通りの投資ができなくなってしまう可能性があるので、金融機関選びは慎重に。

NISAはつみたて投資枠ももちろん魅力的ですが、何と言っても**成長投資枠での個別株式への投資が大きなメリット。それができない銀行は、NISAの魅力半減です。**

投資初心者で「個別株式はまだ」と思っている人でも、そのうちに成長投資枠で個別株式への投資をしたくなるかもしれません。それに備えて、**証券会社で口座を開設しておくのがオススメ**です。

NISA開設は銀行？　証券会社？

NISA口座
- 銀行で開設
- 証券会社で開設

● 金融機関ごとに異なる新NISAの取扱商品＆手数料

		つみたて投資枠		成長投資枠			
		取扱投資信託数	買付手数料	取扱投資信託数	投資信託手数料	株式投資	株式投資手数料
銀行	三菱 UFJ	24	**0**	362	有料	×	—
	みずほ銀行	14	**0**	118	有料	×	—
	三井住友銀行	4	**0**	90	有料	×	—
ネット証券	楽天証券	222	**0**	1,149	**0**	○	**0**
	SBI 証券	222	**0**	1,182	**0**	○	**0**
	マネックス証券	219	**0**	1,124	**0**	○	**0**

（2024 年 4 月 18 日時点）

● 銀行で NISA 口座を開設するデメリット3点

1. **つみたて投資枠の取扱商品数が証券会社より少ない**
2. **成長投資枠で投資をする場合も、個別株式に投資ができない**
3. **手数料が高い**

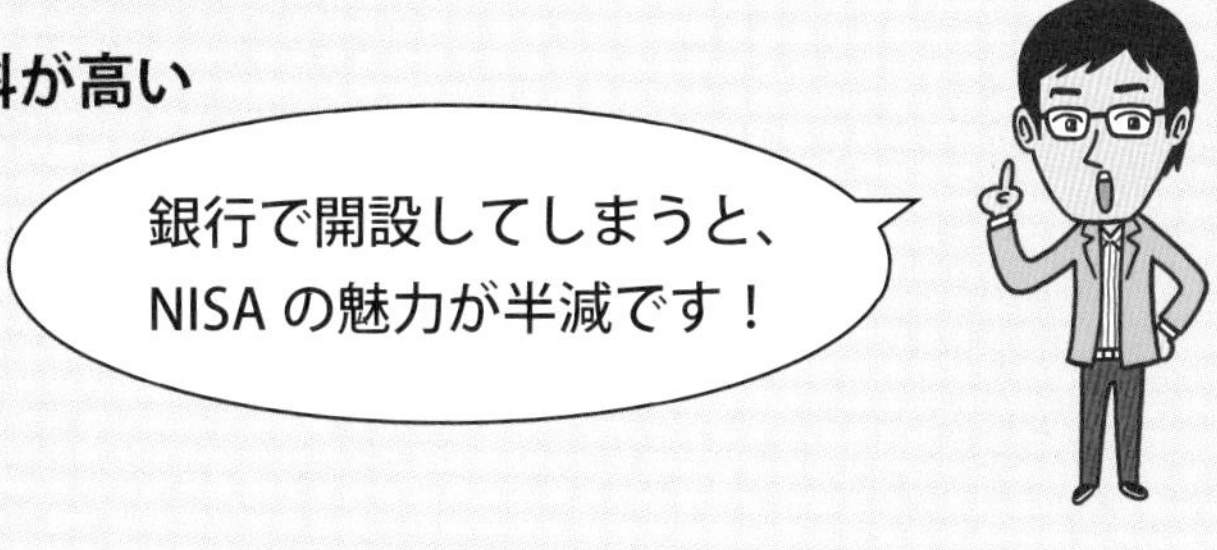

SECTION 2

口座を開くなら ネット証券会社がオススメ

投資スタイルに合った証券会社を選ぶ

NISAの口座を開設するなら証券会社がよいと説明しました。そもそも証券会社は、**株式や債券の売買の取次などを行う会社ですから、NISAとの相性は抜群なわけです。**

証券会社には野村證券、大和証券、SMBC日興証券といった大手証券会社から、準大手、中堅、ネット専業と、さまざまなタイプがあります。

ですから、**証券会社でも会社によって手数料や取り扱っている銘柄数が大きく異なります。**それぞれの投資スタイルに合わせて相性のよい証券会社を選ぶとよいでしょう。

取り扱い投信の本数に大きな違い！

一般的に投資のアドバイスをはじめとした細かいフォローを求めるなら大手証券会社がオススメです。しかし、ネット専業などと比較すると手数料が高めです。

少額の資金でなるべく手数料をかけずに売買したいという場合は、ネット専業の証券会社がオススメです。

野村證券、大和証券などの大手は、つみたて投資枠での取扱投資信託数が30本前後と、そこまで多くありません。一方で、**楽天証券などのネット証券は取扱投資信託数が２００本以上あり、大きな差があります。**

また、**米国株に関してはそもそも取り扱っていない証券会社もあるので、取り扱い銘柄数だけでなく、その種類についてもチェックしておきましょう。**

NISA口座での取引に関しては米国株の取り扱いも豊富で、手数料も無料になっている楽天証券などが便利だと思います。

NISA開設は大手証券？　ネット証券？

準大手
- みずほ証券
- 三菱UFJモルガン・スタンレー証券

など

大手
- 野村證券
- 大和証券
- SMBC日興証券

中堅
- 岡三証券
- 東海東京証券

など

ネット専業
楽天証券
SBI証券
マネックス証券
DMM.com証券
など

証券会社にはさまざまなタイプがある

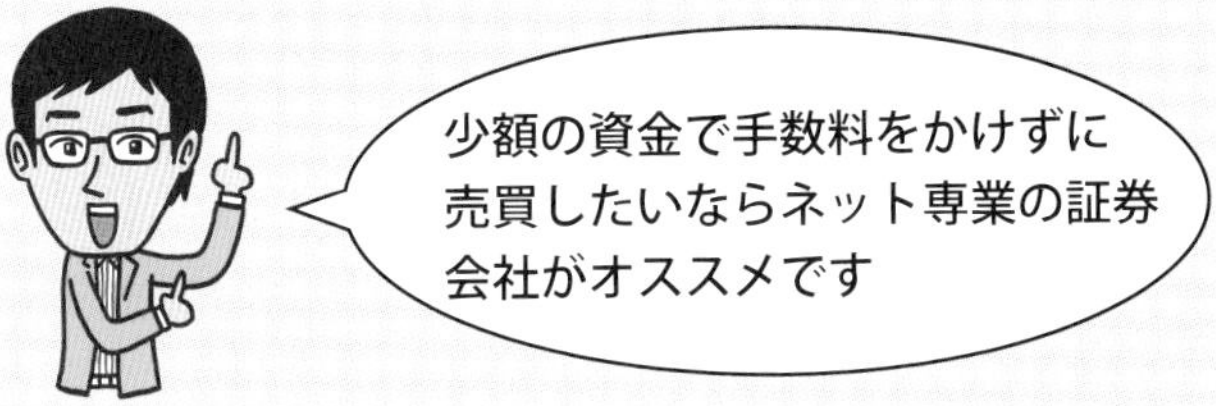

● 証券会社でも異なるNISAの取り扱い商品&手数料

		つみたて投資枠		成長投資枠			
		取扱投資信託数	買付手数料	取扱投資信託数	投資信託手数料	株式投資	株式投資手数料
ネット証券	楽天証券	222	0	1,149	0	○	0
	SBI証券	222	0	1,182	0	○	0
	マネックス証券	219	0	1,124	0	○	0
大手証券	野村證券	19	0	410	有料	○	有料
	大和証券	43	0	178	有料	○	有料
	みずほ証券	12	0	62	有料	○	有料

（2024年4月18日時点）

SECTION 3

新NISA口座開設 こんな選び方もある

ネット証券同士でも こんな違いが！

従来の証券会社選びは、取り扱い銘柄や手数料に注目して選ぶことが多かったと思います。しかし**新NISAの開始に伴い、クレジットカードと連携したサービスを打ち出してくる証券会社が現れてきました**。

いわゆるクレカ投資、クレカ積立と言われるもので、**投資信託などの投資金額をクレジットカード決済にすることでポイントが受け取れる**というものです。

例えば楽天証券の場合、楽天カードを利用することで、積立額の0・5％〜1％のポイントを、楽天キャッシュの利用で0・5％のポイントを受けることができます。また、条件を満たせば投信残高に応じてもポイントが付与されたり、楽天市場での買い物時のポイントが最大1％増加したりというメリットがあります。

これらを利用して**ポイントを集めたうえで、さらにポイントを使って投資もできる**ので、楽天市場も含めて楽天グループのユーザー（いわゆる楽天経済圏）の方は、楽天証券を利用するとメリットが大きいでしょう。

さまざまな ポイント還元サービス

似たようなサービスはSBI証券やマネックス証券も行っています。各社、いろいろな条件が設定されていて、SBI証券は三井住友カード、マネックス証券はマネックスカードと連携して0・2％〜1・1％程度のポイントが付与されます。

またデパートの高島屋やマルイグループのエポスカードなど、最近資産運用に関連したサービスに参入してきた会社でも、さまざまなポイント還元を行っています。

NISA口座開設、ポイントに注目するのもあり

証券会社	クレジットカード	クレカ積立ポイント付与率	貯まるポイント
SBI証券	三井住友カード	0.5～5.0%	Vポイント
	東急カード	0.25～3.0%	TOKYU POINT
	タカシマヤカード	0.3～0.5%	タカシマヤポイント
楽天証券	楽天カード	0.5～1.0%	楽天ポイント
マネックス証券	マネックスカード	0.2～1.1%	マネックスポイント
auカブコム証券	auPAYカード	1.0%	Pontaポイント
大和コネクト証券	SAISON CARD Digital	0.1～0.5%	永久不滅ポイント
tsumiki証券	エポスカード	0.1～0.5%	エポスポイント
セゾンポケット	セゾンカード／UCカード	0.1～0.5%	永久不滅ポイント

（2024年4月18日時点）

SECTION 4

証券会社に口座を開設する

ネット上で手続きが完了する証券会社も

では、実際にNISA口座を開設してみましょう。**初心者には手続きが簡単で、低コストで利用できるネット証券がオススメ**です。ネット上で開設手続きが完了してしまう証券会社も多くあります。

一例として楽天証券での総合口座開設方法を見てみましょう。楽天証券のホームページに表示されている「口座開設」をクリックします。**この段階で一緒にNISA口座の開設も申し込みできます**。

楽天会員の場合はログイン後に表示されたQRコードを読み取ると、スマホで手続きを進められます。**本人確認のための身分証明などはスマホのカメラで撮影することで完了します**から、スピーディーです。

アンケートへの回答は正直に

本人確認などの手続きを行ったあと、最短で翌営業日にログインIDが登録したメールアドレスに届きます。**これで総合口座にログインし、いくつかのアンケートに回答します**。

内容は、金融資産や興味のある金融商品、投資資金額といったもの。日本人はこうした質問には**かなり控えめに回答する人が多い傾向があります**。しかし、証券会社はこの質問から**口座開設者の「リスク許容度」を設定し、その設定に適応した商品の取引ができるように**します。

この設定から逸脱した商品やサービスを提供すると問題になる可能性があるので、証券会社はこのラインを厳守します。ですから、現実と異なる控えめ過ぎる回答をすると、希望する取引を行えない、希望する金融商品に投資できない、というケースもあり得るので注意しましょう。

証券会社に口座を開設する

楽天証券（https://www.rakuten-sec.co.jp/）の場合

①ホームページにアクセスする

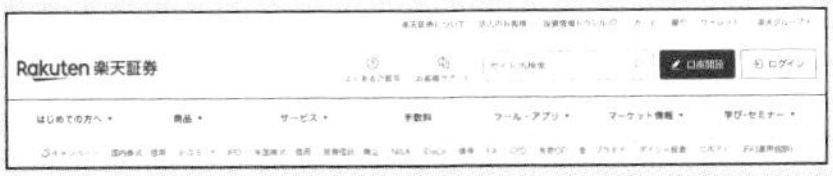

②スマホで本人確認

③個人情報を入力し、NISA口座の開設を申し込む

④証券会社からログインIDがメールで届く

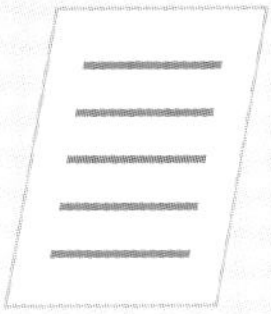

⑤ログイン！

⑥アンケートに回答

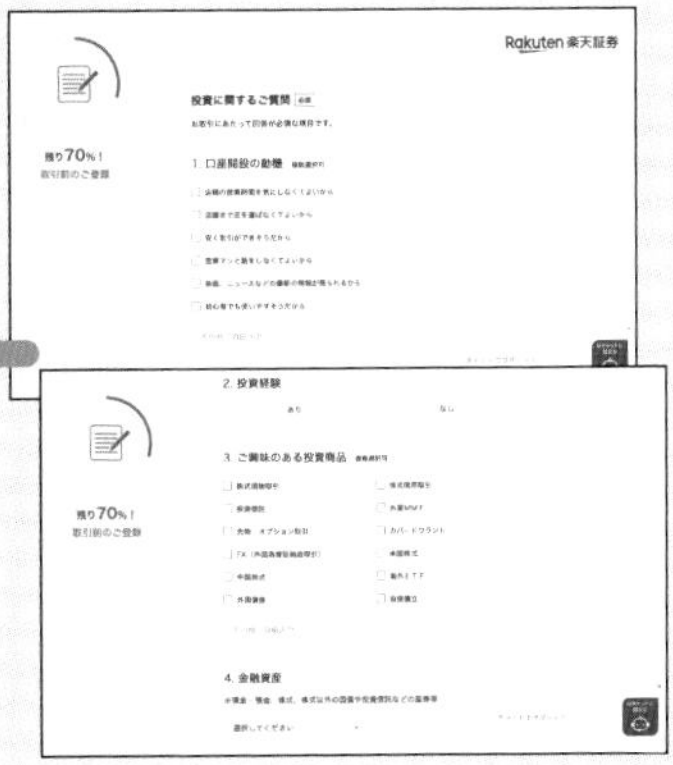

⑦マイナンバー登録

※楽天証券では外国証券取引口座の開設手続きを別途行う必要なし

⑧ NISA 口座で売買スタート!!

出所：楽天証券ホームページより

SECTION 5

証券会社に口座はあるがNISA口座開設はまだの場合

口座は持っているけどNISAはまだ

証券会社にすでに口座を持っているけどNISA口座を持っていない、という場合はNISA口座の開設を申し込むだけで手続きは完了します。

NISA口座の開設には証券会社の審査のあとに、税務署の審査があるので口座が開設されるまで少し時間がかかります。多くのケースは2日ほどで開設されますが、審査中は売買できないので注意が必要です。

ただし証券会社によっては「仮開設制度」ですぐに取引が可能になるところもあります。この場合、**万が一税務署の審査が通らずにNISA口座が開設できないとなると、その取引は一般口座での取引という形になります。**

審査が通らないケースの大半は、**すでにNISA口座を持っているのに別の金融機関でNISA口座を開設しようとした。もしくは複数の金融機関に同時にNISA口座開設を申し込んだというものです。**

NISA口座は1人1社1口座でしか作れないので、ここは要注意です。

以前にNISA口座を開設している場合

証券会社に口座を持っていて、**2023年までにNISA口座を開設している人は、特に手続きは不要です。自動的に新NISAの口座が開設されます。**

このケースで、これまでとは別の証券会社で新NISAの口座を開設したいという場合は、変更手続きが必要です。すでに開設している口座を閉鎖をしたあとに、新規で開設したい会社で口座開設を申請することになります。

新NISAの口座を開設しよう！

● 新NISA口座開設の3パターン

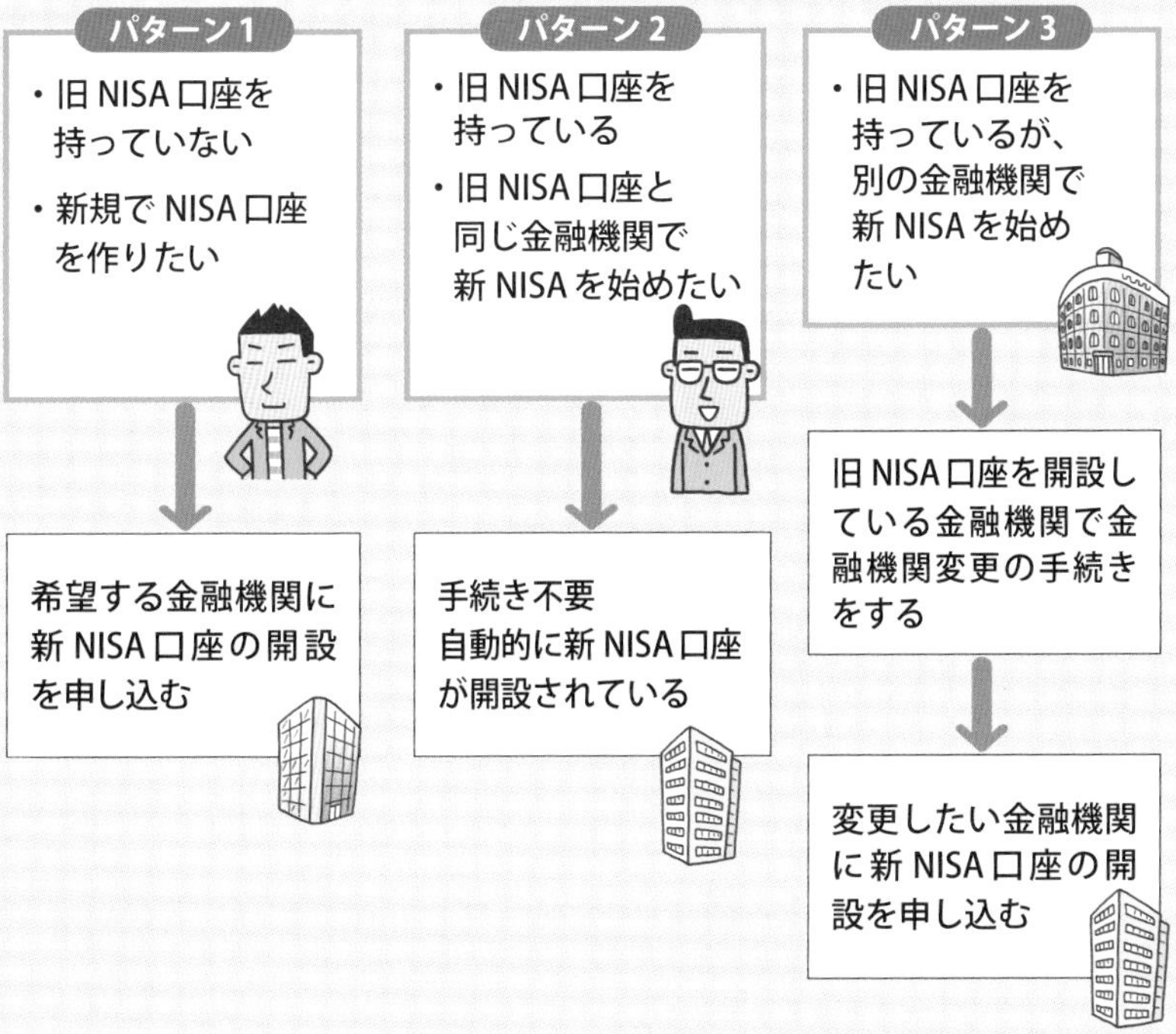

Mini コラム

外国証券取引口座の開設

米国株に限らず外国の株式を売買するには「外国証券取引口座」の開設が必要になります。これは多くの証券会社で、海外株の売買の管理が日本株とは異なるためです。ただし最近では、総合口座と同時に開設でき、個別の手続きが不要の証券会社も増えてきています。詳細は各証券会社のホームページなどで確認してください。

SECTION 6

株式投資にかかる手数料は？

売買手数料に加えて為替手数料が発生

株式投資では日本株であろうと米国株であろうと、一般に**売買手数料が発生します**。ただしネット証券の多くは、**新NISAでの米国株や投資信託の売買手数料を無料としている所が多くなっています**（銀行や大手証券会社では発生する場合が多いので注意してください）。

さらに、米国株投資の場合は売買手数料に加えて為替手数料が発生します。米国株を買うためにはドルが必要です。**売買資金の日本円を、ドルに両替するときに発生する手数料が、この為替手数料です。**

為替手数料の扱いについては、主に次の2つがあります。

円貨決済と外貨決済がある

1つ目が**「円貨決済」と呼ばれる、毎回円をドルに替えて売買する方法**です。この場合、購入にかかった金額が円単位で見えるので、いくらかかったのか感覚的にわかりやすく、管理が楽だというメリットがあります。一方で、円をドルに替える手続きを取引のたびに証券会社に頼んでいることになるので、**手数料が高くなります**。株を買うときに円からドルへ、さらに売るときにドルから円へと両替しているので、売買のたびに2回手数料が発生します。

2つ目は**「外貨決済」と呼ばれる、先に資金をドルに両替し、ドルで株を売買する方法**です。

この場合は、株を買うときも売るときもすべてドルで行うため、何度売買しても為替手数料は発生しません。売買を頻繁に行いたい人にはオススメの方法ですが、その間の売買損益はすべてドル表示のため、少々わかりにくいかもしれません。

米国株投資で発生する手数料

売買手数料 … 株を売買するときに発生する手数料
為替手数料 … 円をドルに両替するときの手数料

SECTION

7

株式投資にはどんな注文方法がある？

基本は成行注文と指値注文

株式投資の売買をするときは、どのようにして注文を出すのでしょうか？ 株式については、まず基本的な取引方法として「成行《なりゆき》注文」と「指値《さしね》注文」があります。

成行注文とは、「いくらでもいいから○株欲しい」と価格を指定せずに行う注文です。いくらでもいいといっているので、すぐに買うことができます。ただタイミングによっては思っていたよりも安く買えることも、高く買ってしまうこともあるので注意が必要です。

指値注文は「○ドルで○株欲しい」と価格を指定して行う注文です。思った通りの価格か、もしくはその価格より安い場合に取引が成立します（買い注文の場合）。そのため「思ったよりも高い価格で買ってしまった！」ということが回避できます。

一方で、「100ドルで買おうと注文をしていたのに101ドルにしかならずに買えなかった」ということもあります。例えば、その後に150ドルまで上昇したりすると「101ドルでいいので買っておけばよかった！」と悔やんだりすることもあります。

証券会社ごとに多様な注文方法がある

証券会社によっては、ほかにも多様な注文方法を提供しているところがあります。

例えば「○ドルまで安くなったら、○株を成行注文で売りたい」とか「○ドルまで高くなったら、○株を指値注文で買いたい」といった**逆指値《ぎゃくさしね》注文**などがあります。

こうした応用注文は上手に使うと重宝しますが、**最初は「成行注文」と「指値注文」で十分**だと思います。

売買注文の種類

成行注文

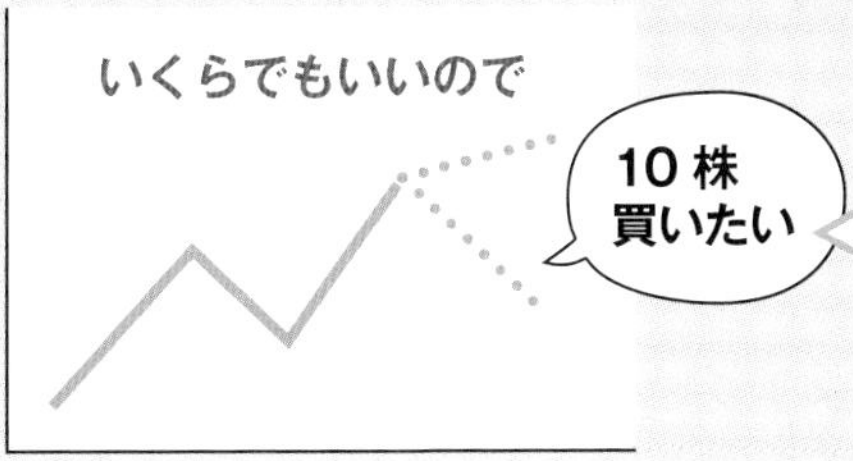

すぐに買える。タイミングによっては思っていたよりも安く買えることも、高く買ってしまうこともある

指値注文

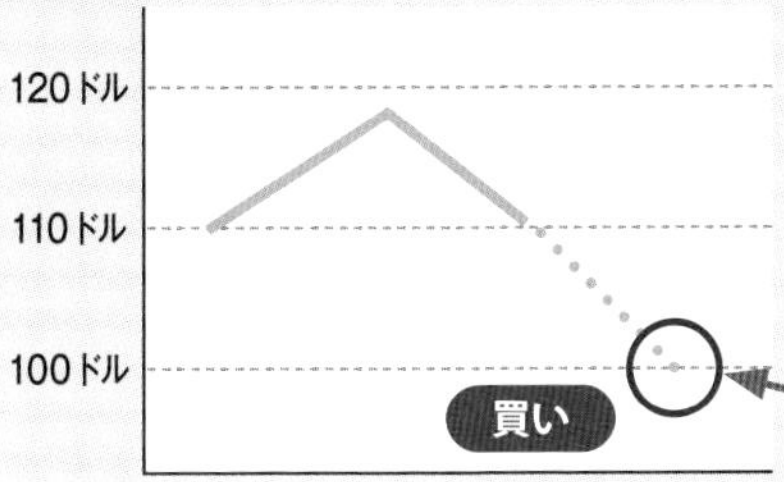

思った金額通りか、もしくはその価格より安い場合に購入することができる

100ドルで10株欲しい

証券会社によっては逆指値注文を提供しているところも

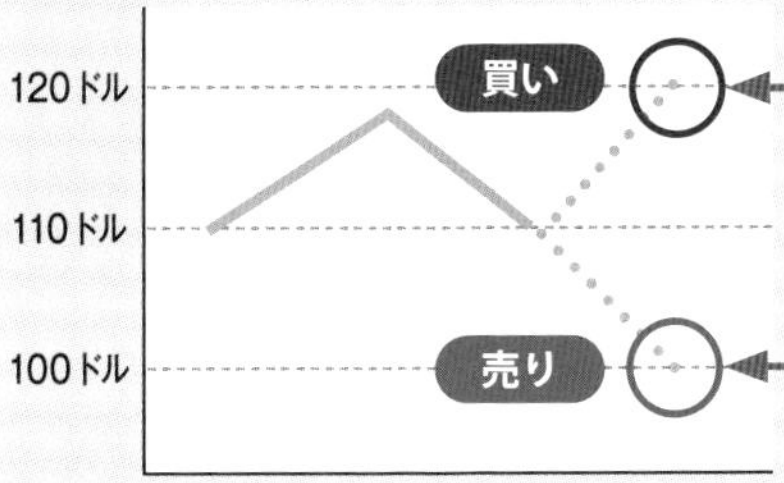

120ドル以上の
逆指値注文で
10株成行注文

100ドル以下の
逆指値注文で10株、
100ドルの指値注文

逆指値注文は、「いくらになったら逆指値注文を出すか」と「そのときに成行注文にするのか指値注文にするのか」を指示する必要があります

To start U.S.stocks
investment with NISA

COLUMN 3

中上級者向け さまざまな売買注文法

証券会社によっては、中上級者向けの、さまざまな売買注文方法を受け付けているところもあります。そんな売買注文をいくつか紹介しましょう。

●トレールストップ注文

保有している銘柄の利益確定注文として設定した逆指値注文が、株価の上昇に連動して修正されていくものです。

株価が上昇しているうちは保有し続けたいけれど、下落しだしたら即座に利益確定したいというときなどに活用します。

●OCO注文

OCOとは「One Cancels the Other」の略で、2つの注文を同時に発注し、一方の注文が約定するともう片方の注文がキャンセルされるという注文です。

ある銘柄を保有している際などに、利益確定の注文と損切りの注文を2つ出すことができます。

●IFDONE注文

イフダン注文とも表記されます。銘柄の買付から利益確保の売却までの注文を1度にできる注文方法です。

例えば、○ドルにまで下がったらその銘柄を買い、その後○ドルまで上がったら売却して利益確保するというときに活用します。

PART 3

つみたて投資枠で堅実に増やす！

SECTION 1

簡単に始めるなら米国インデックス投信

株価指数と同じように動く

PART1でも説明したように、初心者が新NISAで取引を始めるなら、まずはつみたて投資枠で積み立て投資を行うのがよいでしょう。

投資資金にそれほど余裕がないようなら、月1万円からでもよいので、「米国株へ投資する投資信託」へ積み立て投資を行ってみてください。

投資信託とは、プロに手数料を払って銘柄選びから売買のタイミングに至るまで、資金運用をお任せする金融商品です。なかでも初心者に向いているのが株価指数自体に投資する投資信託です。

日本株の場合、日経平均投信とか、TOPIX投信といったものがそれに当たります。米国株の場合は、ダウ平均やS&P500指数などと同じように動く投資信託が存在します。このように、**株価指数と同じように動く投資信託を「インデックス型投資信託（インデックス投信）」と言います。**

おまかせ運用にはインデックス投信

インデックス投信の成績は、株価指数の上昇下降と連動します。ですから、個別の会社の業績を細かく検討する必要などはありません。

常に会社の業績を気にしたりせずに、**ある程度お任せで運用したいという投資家にはインデックス投信がオススメです。**

また、投資信託を運用する側にとっても投資先に頭を悩ませる必要がなく、株価指数の構成銘柄に合わせるだけでよいので、手間がかかりません。そのため、**ほかの投資信託に比べるとインデックス投信は手数料などが割安な傾向**があります。

インデックス投信とは?

日本なら… 日経平均やTOPIXなどと同じように動く投資信託

米国なら… ダウ平均やS&P500指数などと同じように動く投資信託

「株価指数自体に投資する」投資信託

● インデックス投信の成績は株価指数の上昇下降と連動

例:eMAXIS Slim 米国株式(S&P500指数)

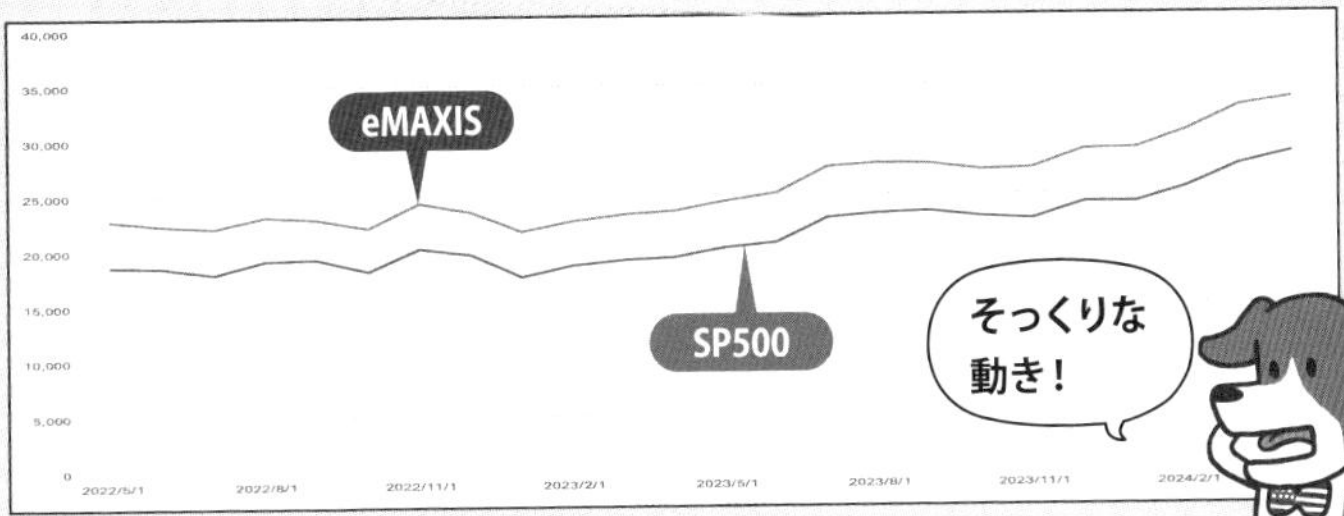

チャート:著者作成

● インデックス投信の特徴

- 会社の業績を気にしたりせずに、お任せで運用できる
- 構成銘柄の選定などに頭を悩ませる必要がないため、手数料が割安
- 自動的に株価指数を構成する各銘柄に分散投資ができる

Mini コラム

投資信託の値段は?

個別銘柄の株の値段を「株価」と呼びますが、投資信託の値段は「基準価額」と呼びます。株式市場に上場している銘柄の株価は、市場の取引時間中に刻々と変動しますが、投資信託の基準価額は1日に1回、取引の申し込みが終了してから公表されます。投資家は前日までの基準価額を参考に売買の判断を行う必要があります。

SECTION 2

プロが銘柄選びをしてくれるアクティブ投信

積極的に売買するアクティブ投信

投資信託には、株価指数と同じ動きをするインデックス投信以外にアクティブ型投資信託（アクティブ投信）があります。

アクティブの言葉通り、投資信託の運用者が売買銘柄を選定し、積極的に売買することで利益を追求していく投資信託です。

リスクを十分理解した上で、インデックス投信以上の利益を追求したい。そんな方には、「アクティブ投信」がオススメです。

明確にテーマが設定されている

アクティブ投信は、大変多くの商品が販売されています。

例えば、製薬会社に投資する投資信託というくくりでも、「世界の製薬・バイオ関係に投資をする商品」や「米国の製薬・バイオ関係に投資をする商品」、「日本の製薬・バイオ関係に投資をする商品」などが別々に販売されています。

新興のハイテク＆ベンチャー企業というくくりでも「AIを開発している（米国を中心とした世界の）企業に投資をする商品」や「これから成長しそうな米国のベンチャー企業に投資する商品」などのように、明確にテーマが設定されています。

こうしたなかから、自分が興味がある分野に関する投資信託を探し出して投資することができます。

ほかにも最近では「M&Aなどの企業イベントの対象になることが期待できそうな中小企業への投資を行っていく投資信託」や「貿易金融に関連する投資信託」、「AIが投資の判断をしていく投資信託」などのように、ユニークな投資信託も出てきています。

アクティブ投信とは？

- **運用者が投資する銘柄を独自に選定**
- **積極的に売買して利益を追求する**

プロの腕の見せどころ

アクティブ投信の例

米国の製薬・バイオ関係に投資をする

ピクテ・バイオ医薬品ファンド（運用会社：ピクテ・ジャパン）

AIを開発している企業に投資をする

グローバルＡＩファンド（運用会社：三井住友ＤＳアセットマネジメント）
野村 グローバル AI 関連株式ファンド（運用会社：野村アセットマネジメント）

これから成長しそうな米国のベンチャー企業に投資する

日興USグローイング・ベンチャーファンド（運用会社：日興アセットマネジメント）

M&Aの対象になることが期待される米国の中小型株へ投資する

米国 M&A フォーカス株式ファンド（運用会社：あいグローバル・アセット・マネジメント）

アクティブ投信は成長投資枠で

新ＮＩＳＡのつみたて投資枠にもアクティブ投信は存在していますが、数が少ないのであまり選択肢がありません。**アクティブ投信なら、成長投資枠で投資することをオススメします。**

特に、**「成長投資枠で個別銘柄がうまく選べない」という人には、アクティブ投信がピッタリ**です。アクティブ投信なら、プロのトレーダーが有望な投資先になりそうな銘柄を選んでくれるだけではなく、それぞれの投資先への売買のタイミングも考えてくれます。投資初心者にはオススメの方法です。

SECTION 3

投資信託の仕組みと手数料

運用会社と信託銀行の役割は？

投資信託は個別銘柄と同様に証券会社で、さらには銀行でも一部購入することができます。

投資信託を販売している証券会社や銀行のことを販売会社といいます。 そして、投資信託はさらに運用会社と信託銀行によって運営されています。**投資する銘柄の選定や売買の判断を行うのが運用会社、投資信託の資産の管理を行うのが信託銀行です。** 当然、こうした役割をこなすためにはそれぞれに費用がかかります。そのため投資信託は、個別銘柄の株式を購入するときとは、ちょっと違った手数料がかかります。

売買の手数料が無料のものもある

まずは個別銘柄と同様に売買の手数料がかかります。**投資信託の場合は「販売手数料」といい、** 購入金額の1～3％程度になりますが、なかには無料のものもあります。これを**ノーロード投信**と呼んだりします。

最近ではノーロード投信以外でも証券会社が手数料を負担することで、実質販売手数料が無料になることが多くなってきました。

なお、**NISAのつみたて投資枠では、売買手数料は無料です。** さら**にネット証券では、成長投資枠でも売買の手数料が無料になっているケースが多くあります。**

投資信託独自の信託報酬とは？

さらに、運用を任せているプロに対して支払う「信託報酬」と呼ばれる手数料もかかります。**ノーロードとされている投資信託でも、この信託報酬は無料ではありません。**

販売手数料と同じく、信託報酬に

投資信託のしくみ

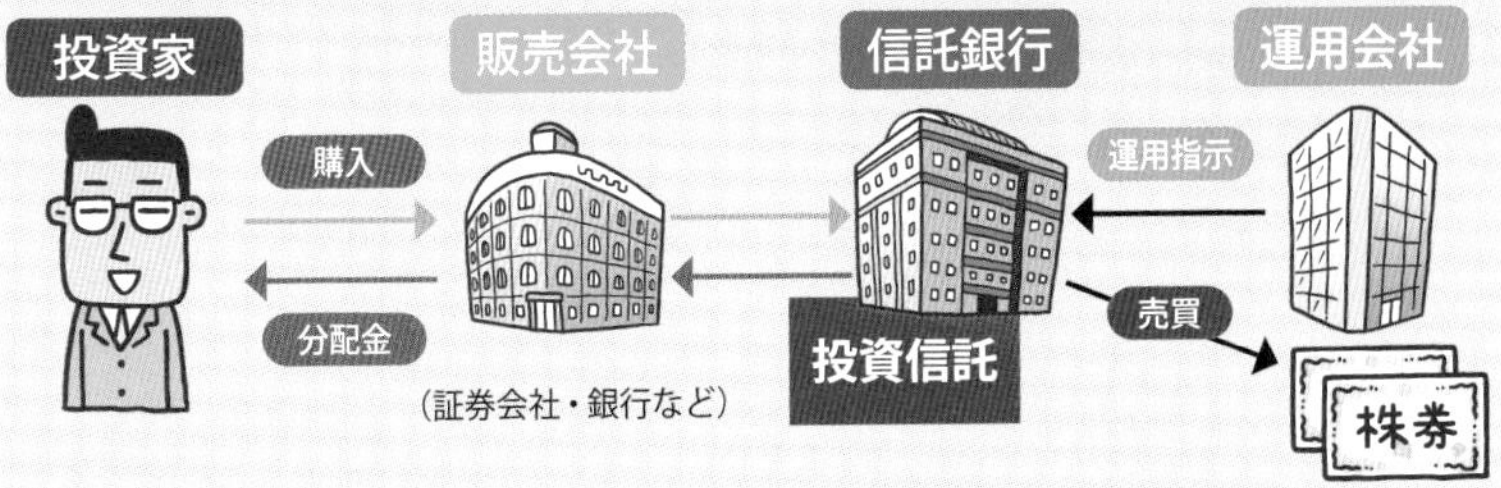

● 投資信託の手数料

販売手数料 購入金額の 1～3%程度	投資信託を購入するときに販売会社の取り分となる手数料	販売手数料が無料（ノーロード）の投資信託もある
信託報酬 保有金額の 0.1～2%程度	運用期間中、日々発生する費用。販売会社、信託銀行、運用会社それぞれの取り分となる	ファンドによって差が大きい。運用に自信のあるアクティブ投信は報酬が高くなりがち
信託財産留保額 保有金額の 0.2～0.3%程度	投資信託を売却するときに支払う。この金額は信託財産内に残される	すべての投資信託で発生するわけではない。販売会社や運用会社の収益となる手数料とは異なる

ついても安い方を選びたいというのが人情です。しかし、信託報酬は運用のプロに対して支払う報酬です。顧問料といってもよいかも知れません。当然、**能力の高いプロに対する顧問料・報酬は高くなる傾向があります**。

銘柄選びなどの手間のかからないインデックス投信は、この信託報酬が安い傾向にありますが、プロが積極的に運用する**アクティブ投信は信託報酬が高くなりがちです**。信託報酬が高い投資信託は運用にそれだけの自信を持っている、それだけ大きな利益を期待できるからこそ、高く設定されているとも考えられます。

投資信託を選ぶときには、**こうしたコストと期待できる利益の両面から検討する必要があります**。

SECTION 4

NISAで変わる投資信託分配金の意味

キャピタルゲインとインカムゲイン

NISAで米国株投資を始めようとする方はもちろんご存じだと思いますが、保有した株式の株価や投資信託の価格が上昇すると儲かります。正確に言うと、**株価（投資信託の価格）が上がったときに保有している株式（投資信託）を売却することで、値上がり分を利益として受け取ることができる**ということです。これを**売却益＝キャピタルゲイン**と言います。

売却益をキャピタルゲインというのに対して、**配当はインカムゲインと言います**。配当金は保有している株数に応じて支払われます。例えば、1株当たり1ドルの配当金の株式を10株保有しているとすると10ドルの配当金を受け取ることができます。

投資信託の分配金の扱い

株式投資に配当金があるように、投資信託には分配金というものがあります。株式投資で配当金が出されるように、投資信託でも定期的に分配金が発生します。

ただし、投資信託の場合は**分配金を投資家に支払うタイプと、投資家には支払わずに分配金を元本に上乗せして再投資するタイプに分けられます**。これらをそれぞれ「分配金受取型タイプ」「分配金再投資型タイプ」と呼びます。

NISAでは分配金も非課税

これまでは、**一般的には「分配金再投資型タイプ」の方が投資効率はよいとされていました**。それは、分配金は受け取るたびに税金がかかってしまうからです。株式投資での配当金と同じく、分配金に対しても

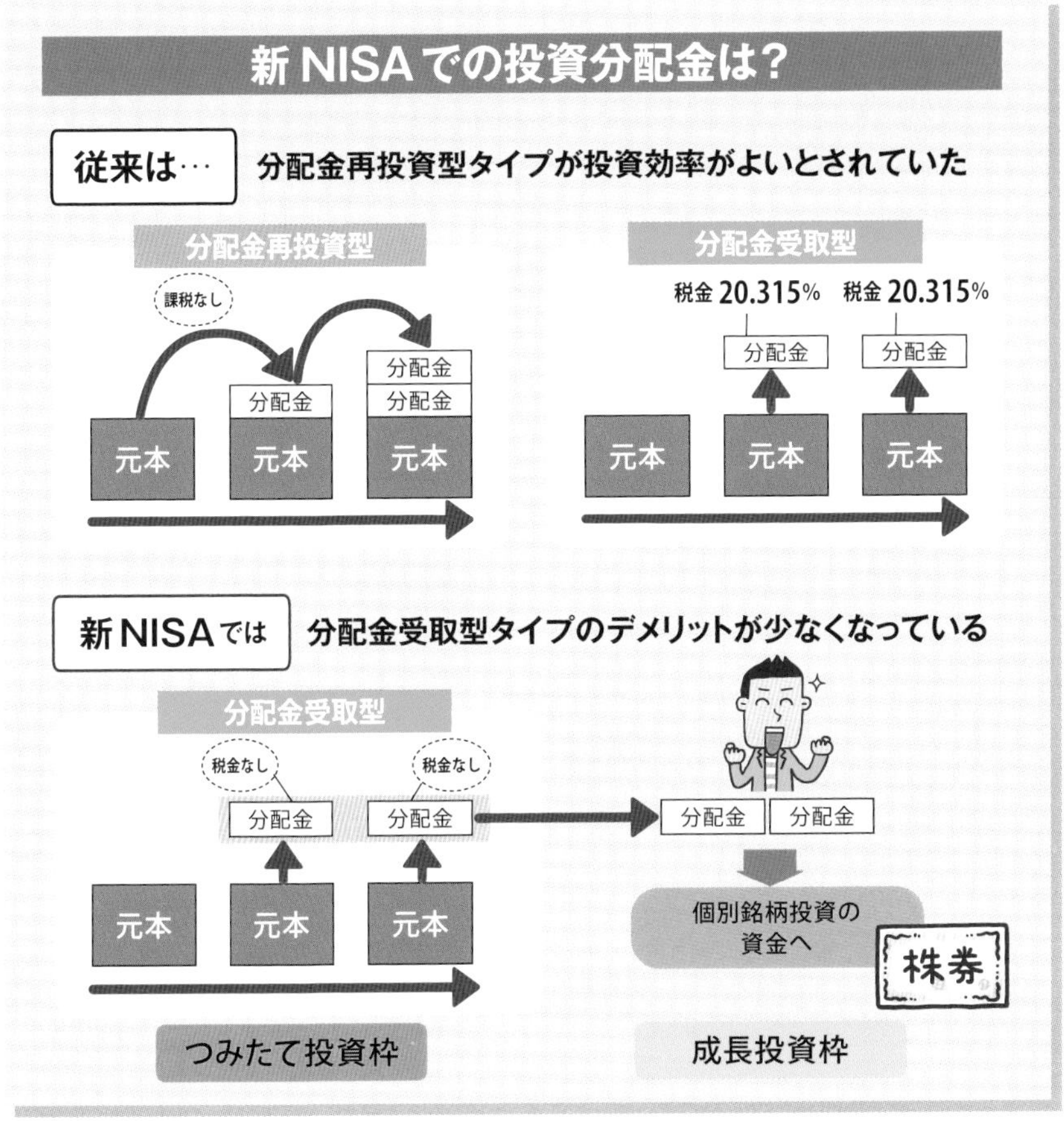

20・315%の税金がかかってしまうのです。

しかしNISAにおいては、その常識が覆されつつあります。NISAでは分配金は株式の配当金と同じく米国で10%課税されますが、**国内での課税がないので、分配金を受け取ることのデメリットが少なくなるからです**（分配金の再投資による複利効果を得られないというのがデメリットと言えばデメリットですが）。

そして、新NISAなら受け取った分配金を別枠の投資資金として運用することも可能です。例えば**つみたて投資枠での投資信託から得られた分配金を、成長投資枠での個別銘柄投資の資金にする**こともできるのです。こうすれば新NISAの枠をフルに活用しやすくなります。

SECTION 5

上場している投資信託 ETF

投資信託だけど株式市場に上場

投資信託は銀行や証券会社で購入できると説明しましたが、**株式市場に上場している投資信託も存在します**。

例えば日本の東京証券取引所に「NEXT FUNDS TOPIX」という、TOPIX株価指数と同じように動くインデックス投信が上場しています。このような投資信託を**上場投資信託＝ETFと呼びます**。

日本の株価指数だけでなく、「NEXT FUNDS ダウ・ジョーンズ」というダウ平均に連動するインデックス投信も上場しています。

個別銘柄の株のように売買できる

ETFの大きな特徴は**個別銘柄の株と同じ手間、手数料で売買できる**という点です。また、保有中にかかる信託手数料も一般の投資信託に比べると低く抑えられています。

ETFは、**株式市場が開いている時間はいつでも売買可能です。また、1日に何度でも売買できます**。

株式市場に上場されていない一般の投資信託は毎日1回、価格が決められます。これを基準価額といい、翌営業日まで変わることはありません。一方でETFの価格は一般の投資信託のように固定されていません。株式市場で売買されているため、**価格はリアルタイムで変動します**。

複数の銘柄に分散投資している投資信託でありながら、個別銘柄の株式のように小回りのきく売買ができるというのがETFの特徴です。

新NISAで投資したいけれど銘柄選びが難しいという場合は、つみたて投資枠ではインデックス投信、成長投資枠ではインデックスETFという選択でもよいでしょう。

ETFと投資信託

	ETF	投資信託
売買手数料	個別銘柄の株と同じ	販売会社により異なる（無料の場合も）
信託手数料	一般に投資信託より安価	投資信託により異なる
注文可能時間	株式市場が開いている間は何度でも可	1日1回
価　格	株式市場が開いている間はリアルタイムで変動	1日1回基準価額が決められる

● **ETF**（NEXT FUNDS ダウ・ジョーンズ）

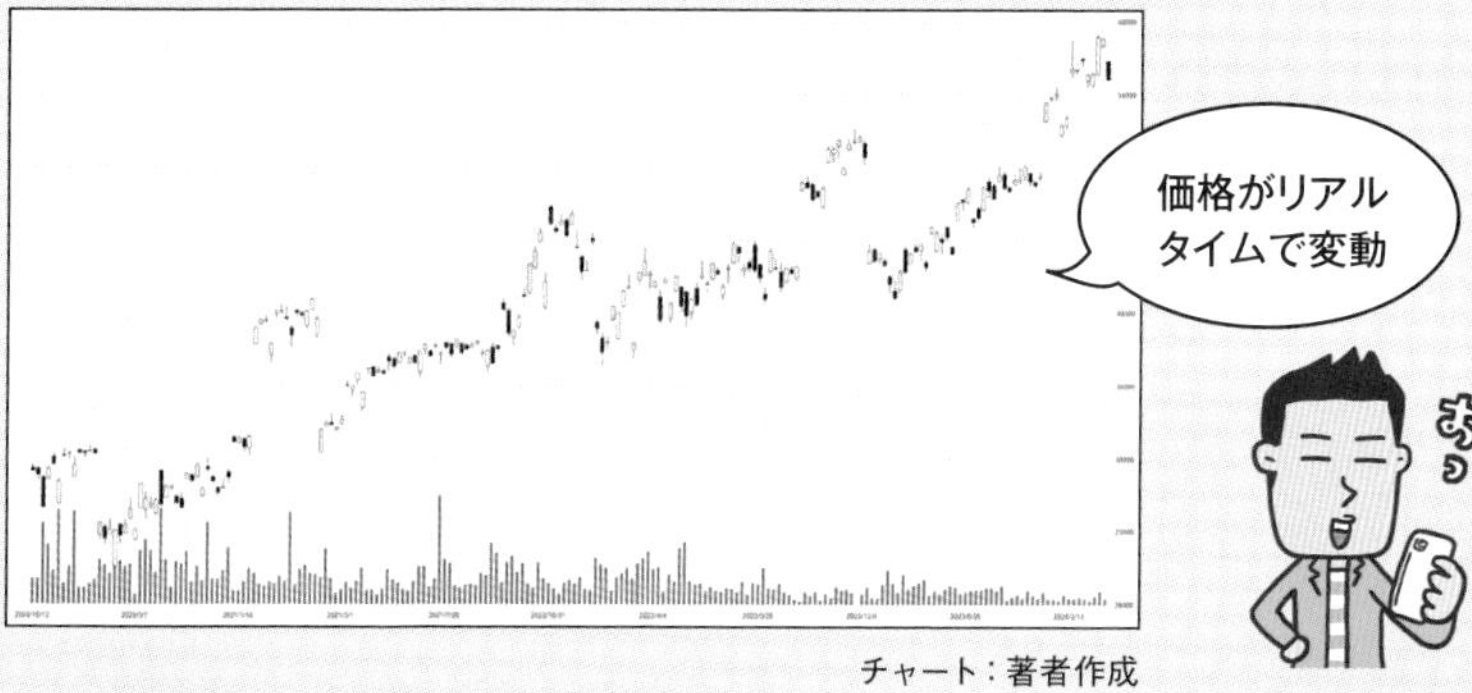

チャート：著者作成

● **投資信託**（iFree NYダウ・インデックス）

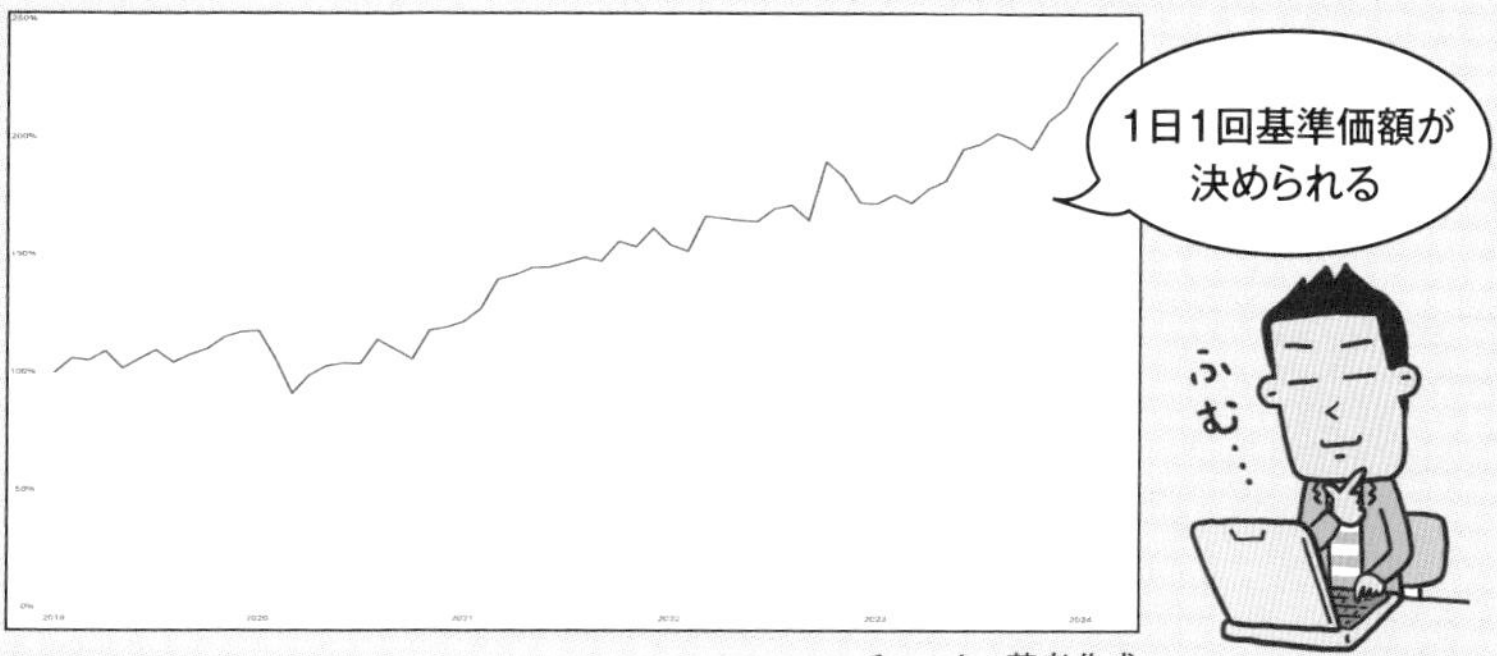

チャート：著者作成

SECTION 6

投資信託とＥＴＦ　メリットとデメリット

インデックス投信とインデックスＥＴＦ

投資信託とＥＴＦにはそれぞれにメリットとデメリットがあります。

プロの運用者が分散投資を行う銘柄を選定し、売買を行うという**基本的な仕組みはどちらも一緒**です。ですから、例えばダウ平均のインデックス投信とダウ平均のインデックスＥＴＦは基本的には同じ動きをします。違いは**それぞれのコストや機能面**ということになります。

インデックス投信のようなシンプルなしくみのものを選ぶなら、**投資信託よりもＥＴＦの方がコスト面でメリットが大きい**と言えます。

ＥＴＦにも国内上場　海外上場がある

ＥＴＦには日本の株式市場に上場している国内上場ＥＴＦと、海外の株式市場に上場している海外上場ＥＴＦがあります。

日本円で米国株投資をしたいという人には、ダウ平均などの米国株価指数連動の国内上場ＥＴＦを買うのがオススメです。ドルで投資したい人は、海外上場ＥＴＦを選択するとよいでしょう。

ただし、ＥＴＦはインデックス投信のようなシンプルなものが大半で、プロの運用者が銘柄選定と売買を行うアクティブ投信は少数です。**プロの腕を信じて積極的に利益をねらいたい、という場合は一般の投資信託がオススメ**です。

また、積み立てに対応しているＥＴＦはほとんどありません。

そんなときは、新ＮＩＳＡの仕組みを利用して、**つみたて投資枠で毎月の給料から「定額」で投信を購入、成長投資枠でボーナスなどを利用して「単発」でＥＴＦを購入する**というやり方もあります。

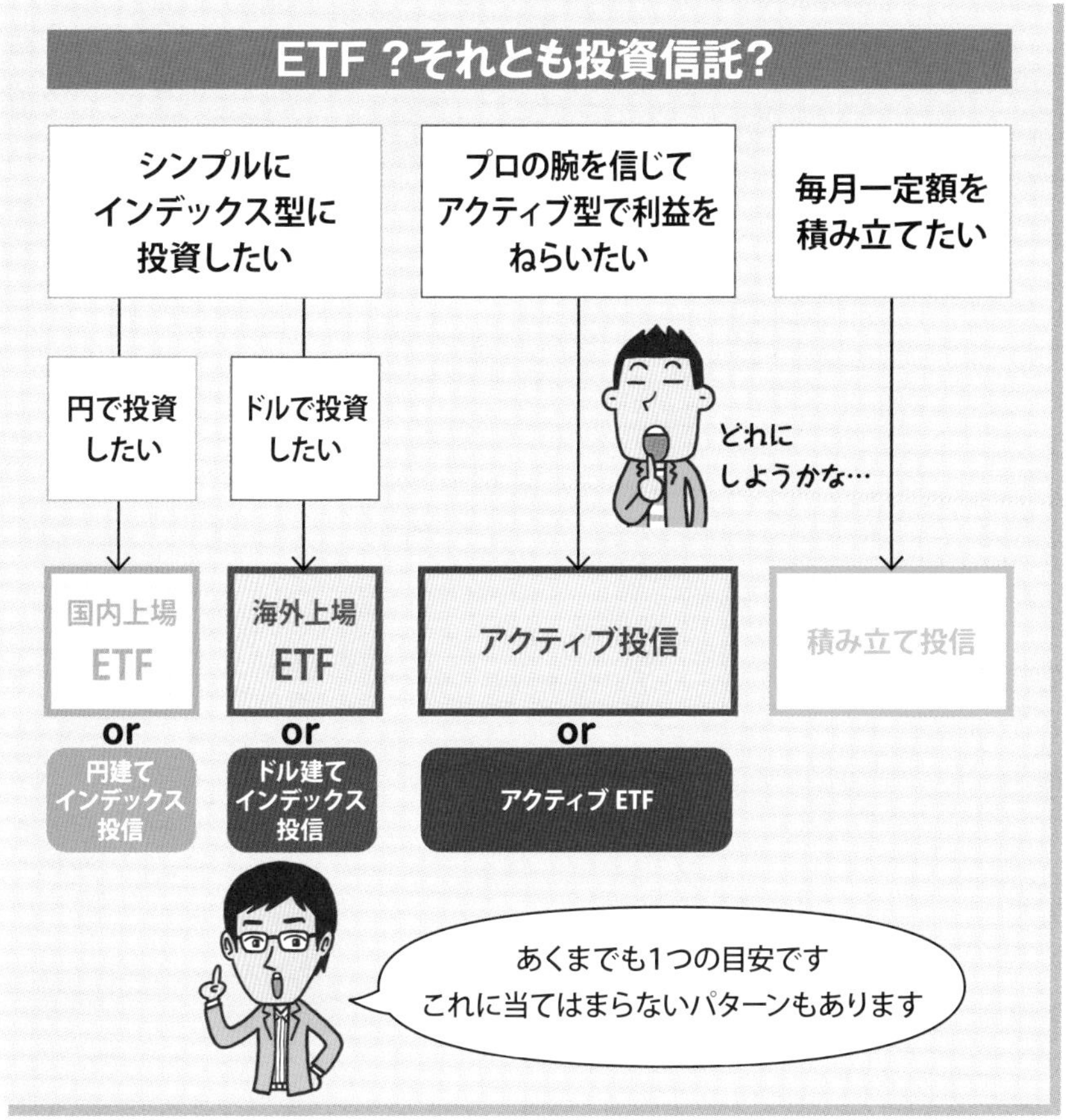

Mini コラム

ETF、国内上場と海外上場

日本の株価指数に連動するETFなら国内上場でも種類が豊富で、売買も活発に行われています。しかし、米国の株価指数に連動するETFは国内上場よりも海外で上場されているものの方が売買が活発で、個人投資家の比率も高い傾向があります。日本時間での売買や円決済にこだわらないなら、海外上場のETFの方がメリットが大きいかもしれません。

SECTION 7

新NISAつみたて投資とiDeCoの使い分け

iDeCoは個人年金作りのための制度

ここまで紹介してきたNISAとは別に、**iDeCo（個人型確定拠出年金）という制度があります**。「新NISAのつみたて投資枠と同じようなものでしょ?」という人もいるかもしれませんが、2つは似て非なるものです。

iDeCoは個人年金作りのための制度です。自分で設定した掛け金を拠出して自分で運用し、その運用結果を**60歳以降に年金または一時金で受け取れます**。掛け金の上限が区分ごとに設定されていますが、新NISAに比べると少額です。

60歳まで引き出しできないiDeCo

最大の違いは、**iDeCoはどれだけ儲かっていても60歳まで引き出せない**ことにあります。**新NISAの場合は長期投資を目指しながらも、途中での現金化も可能です**。

老後資金の準備は重要ですが、60歳になる前に大きなお金が必要になる可能性はあります。途中で現金化できるかできないかは重要です。

一方で**iDeCoの強みは運用中は税金がかからないだけでなく、所得控除が可能で所得税などを下げることもできる点です**。加えて、年金で受け取る際には公的年金等控除、一時金として受け取る際には退職所得控除の対象となります。

NISAとiDeCoを比較する際は、60歳までの資金拘束というデメリットと所得控除による節税効果を考慮する必要があります。

余裕あるならNISA＋iDeCo

資金面に大きく余裕がある人に関

iDeCoの加入資格と拠出限度額

加入資格		拠出限度額
国民年金（第１号被保険者）自営業者		**月額 6.8 万円**（年額 81.6 万円）（国民年金基金または国民年金付加保険料との合算枠）
国民年金（第２号被保険者）会社員 公務員など	会社に企業年金がない会社員	**月額 2.3 万円**（年額 27.6 万円）
	企業型確定拠出年金に加入している会社員	**月額 2.0 万円** ※１（年額 24.0 万円）
	確定給付企業年金、厚生年金基金と企業型確定拠出年金に加入している会社員	**月額 1.2 万円** ※２
	確定給付企業年金、厚生年金基金のみに加入している会社員	**月額 1.2 万円**（年額 14.4 万円）
	公務員など	
国民年金（第３号被保険者）専業主婦夫）		**月額 2.3 万円**（年額 27.6 万円）

※１企業型確定拠出年金（企業型 DC）のみに加入する場合
月額 5.5 万円－各月の企業型 DC の事業主掛金額（ただし、月額２万円を上限）
※２企業型 DC と DB 等の他制度に加入する場合
月額 2.75 万円－各月の企業型 DC の事業主掛金額（ただし、月額 1.2 万円を上限）

（iDeCo 公式サイトをもとに作成）

しては、NISAでのつみたて投資とiDeCoでの運用の両方を行うのが最適でしょう。

特に、自営業者の方々にはiDeCo加入のメリットが大きくなると思います。**NISAで中長期の運用を行い、iDeCoで年金作りをするというイメージです。**

投資初心者の方に関しては、くり返しになりますが、まずはNISAの積み立て投資からスタートするのがオススメです。そこで実際に投資・運用を経験してみましょう。

そのうえで資金面の余裕が出てくればiDeCoも開始して、併用するのがよいでしょう。**最初から60歳まで利用できないお金を増やしてしまうことはオススメしません。**

SECTION 8

注目の米国インデックス投信①
eMAXIS Slim米国株式

同じように見えても純資産が違う

絶大な人気を誇る米国インデックス投信がeMAXIS Slim米国株式（S&P500）で、S&P500は日本のTOPIXのような株価指数です。米国を代表する500社の平均株価に対して投資をする投資信託です。

同様の商品としては、楽天・S&P500インデックス・ファンドがあります。こちらも人気で信託報酬が安く、また基準価額も安くなっています。ただし、この2つを比べると、楽天・S&P500インデックス・ファンドは**純資産と呼ばれる投資されている金額が少ないことが気になります。**eMAXIS Slim米国株式（S&P500）の4・1兆円に対して、楽天・S&P500インデックス・ファンドは1461億円と桁が違います。

この純資産額が数億円などと少ないと、会社としては採算が合わないとして**「繰上償還」と呼ばれる強制解約を行ったりすることがある**のです。積み立ての途中でそんな事態は避けたいですから、投信選びではチェックしたい項目です。

信託報酬にも注意する

ほかにもS&P500に連動する投資信託は多数ありますが、純資産に加えて**信託報酬にも注意しましょう。**

例えば楽天証券でのつみたて投資枠対応の投資信託は222ありますが、管理費用※は0・561%から1・65%まで大きく差があります。1%以下で影響は小さいかもしれませんが、**パフォーマンスが同じだとすると信託報酬の差は違いが際立ちます。**

注目のインデックス投信①

● eMAXIS Slim 米国株式（S&P500）

特色	米国の代表的な株価指標である S&P500 に連動する投資信託

純資産額……41,635.48 億円
信託報酬………0.09271％
運用会社………三菱ＵＦＪアセットマネジメント

リターン（1年）………49.0％
リターン（3年）………88.6％
リターン（設定来）……185.6％

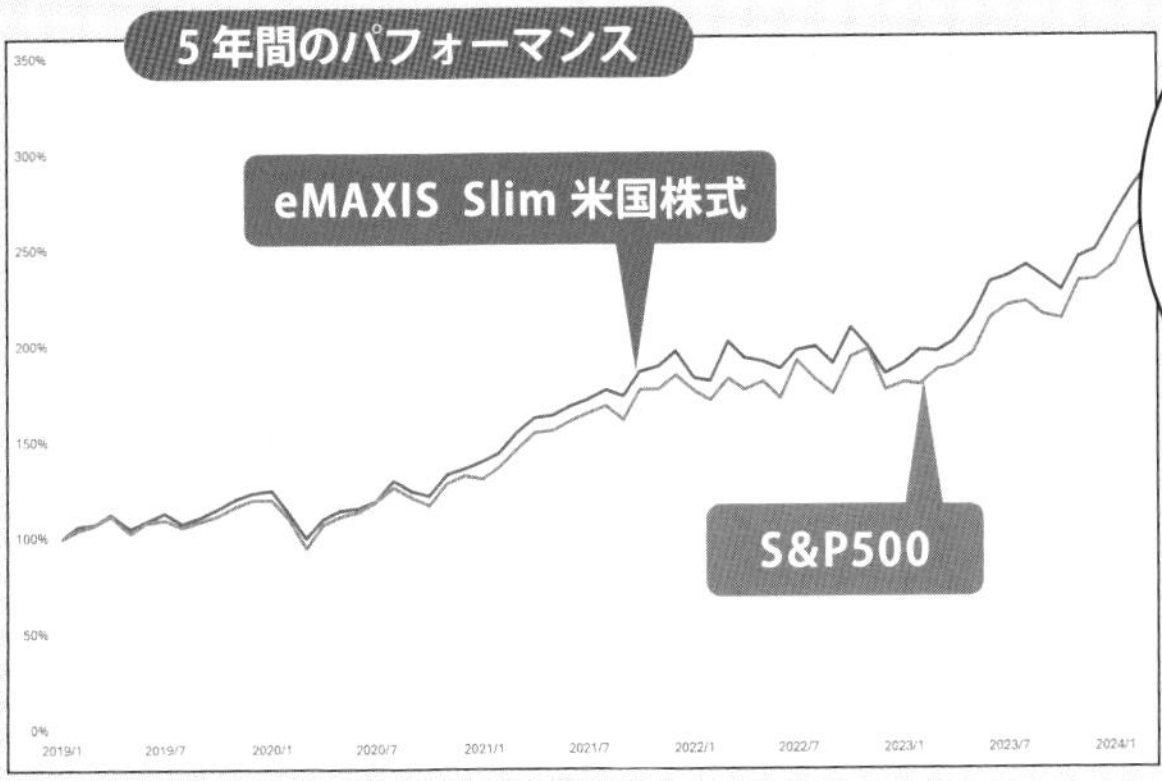

チャート：著者作成　（2024 年 4 月時点）

インデックスとずれていないか？

さらに注意すべきはその運用実績です。通常の株式だと株価が上がれば上がるほどいいですが、**インデックス投信の場合、あくまでも目的は「目標とする指数と同じように動く」ことです。**目標とする指数が5％上昇している日に、4％しか上昇していない投信は当然よくないですが、6％上がってしまっている投信も実はよくありません。

インデックス（指数）とずれている投信は、何かのタイミングで大暴落するリスクも潜在的に含まれているのです。インデックス投信は、インデックスに忠実な動きをするものを選ぶようにしましょう。

※楽天証券では投資先の信託報酬を含めた実質的な信託報酬を「管理費用」として表記している

SECTION 9

注目の米国インデックス投信② iFree NYダウ・インデックス

S&P500からさらに厳選

iFree NYダウ・インデックスは米国を代表する30銘柄で構成されている「ダウ平均」へ投資をするインデックス投信です。先ほどの**S&P500のなかから、成長性や投資家の関心、安定性などを考慮して選ばれた30社です**。

米国を代表する30銘柄ですから、まさに世界を牽引している世界トップ30社とも言えます。

この30社は**時代の流れに合わせて入れ替えがなされることも特徴的**で、常にその時代の米国（世界）を牽引している企業が選ばれ続けています。

同様の商品としては「たわらノーロード　NYダウ」もあります。iFree NYダウ・インデックスと比べると手数料は同じものの、純資産額が3分の1以下です。**投資先が同じで手数料も同じなのであれば、純資産額が大きいものを選んで**おくと安心でしょう。

ハイテク産業の衰退に備える？

面白いことに、楽天証券でのNISA買い付け金額ランキングで見ると、このダウ連動の投資信託はあまり人気がありません。しかし、**ハイテク産業以外にも目を向けるなら、この投信は面白いと思っています。**

S&P500には米国の大企業が多数入っていますが、実は4分の1以上がアップルやマイクロソフト、メタ（旧フェイスブック）などのハイテク産業です。これはつまり、ハイテク産業が上昇している時期は、S&P500が上昇するということです。逆に言えば、**ハイテク産業が衰退すると一気に下落していきま**す。

注目のインデックス投信②

● iFree NYダウ・インデックス

特色	米国の代表的な株価指標であるNYダウ平均に連動する投資信託

純資産額……… 685.71億円	リターン（1年）………… 39.6%
信託報酬……… 0.2475%	リターン（3年）………… 72.5%
運用会社……… 大和アセットマネジメント	リターン（設定来）…… 263.8%

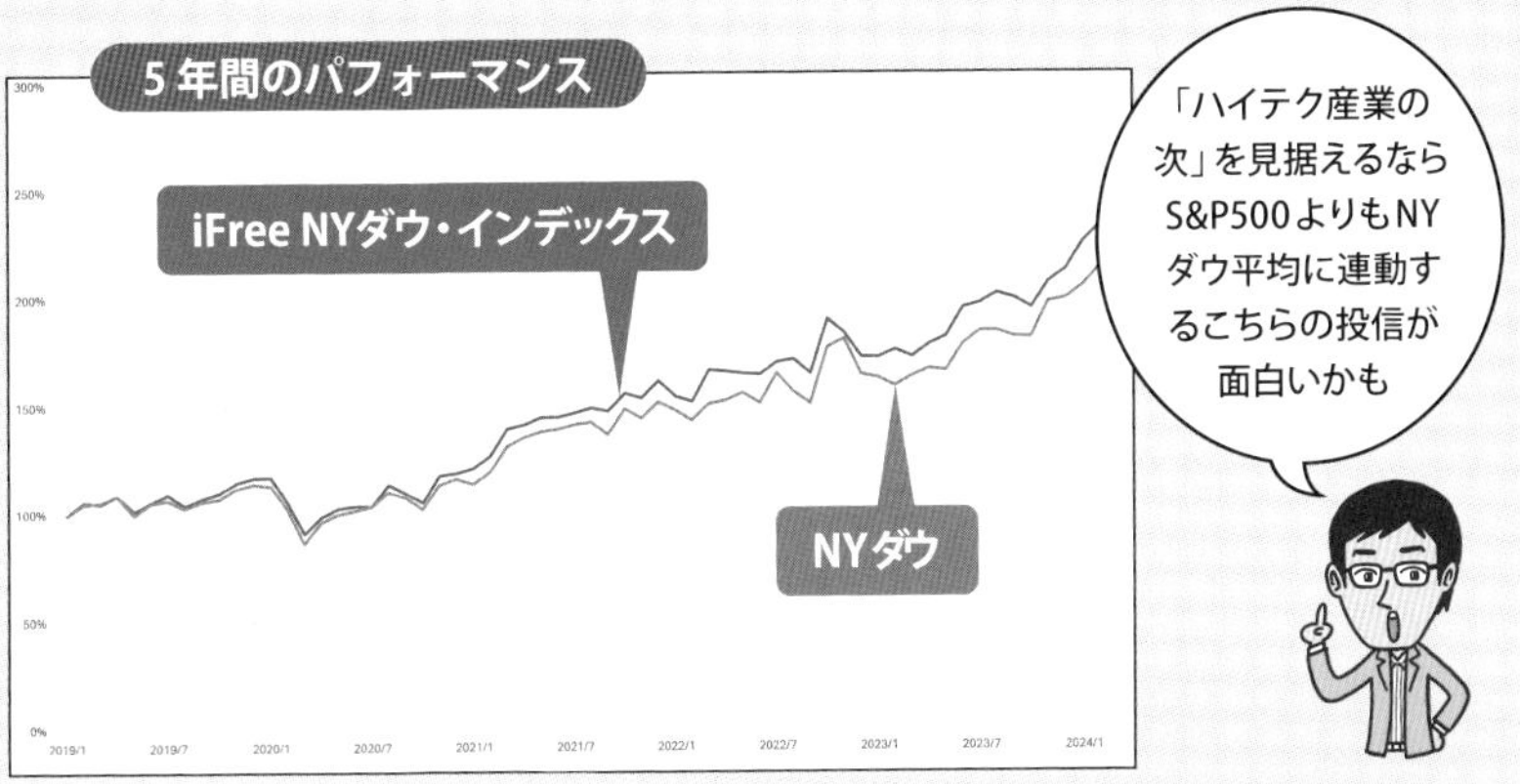

チャート：著者作成　（2024年4月時点）

一方のダウは、当然ハイテク関係も多いのですが、ヘルスケアや金融、資本財・サービスもバランスよく入っています。**つまり、ハイテク産業が衰退した際は、S&P500よりもダウの方が下落率が低い可能性があります。**

経済の変化にはダウの方が対応できる

経済というものは常に変化していきます。40年前にはアマゾンやメタがなかったように、数年後にはまったく新しい業界・産業が生まれている可能性があります。

この**経済の変化に対応できる力は、S&P500よりもダウの方が比較的強い**ということは知っておいてください。

SECTION 10

注目の米国インデックス投信③ eMAXIS Slim 全世界

建前では全世界への投資

eMAXIS Slim全世界株式（オール・カントリー）は、通称オルカンと言われる投資信託です。

日本を含めた世界の先進国、新興国など、**全世界を対象に投資をするというのが建前です**。この建前通りなら、米国株投資の対象とはちょっと違うのでは?と思うでしょうが、実際は異なります。

こうした投信の**運用先を見ると、半分以上を米国企業が占める**ということも少なくないのです。

実際、eMAXIS Slim全世界株式も投資比率は**米国が62.3%で6割以上を占めます**。ほかの国は2番目に多い日本でもわずか5.6%に過ぎません。

アップル、メタで日本全体と同じ

個別銘柄で見るとマイクロソフト1社で全体の4%、アップル1社で3.4%を占めています。**投資比率で見ると、日本全体よりもマイクロソフト、アップルの2社の合計が上回る**ということになります。

全世界（オール・カントリー）といいつつ、**半分以上が米国、そのほかの国をすべて合わせても米国一国におよばない状態です**。

このインデックス投信は、先進国・新興国、計47ヵ国の時価総額上位3000銘柄で構成される**MSCIオール・カントリー・ワールド・インデックスという指数に連動するものです**。

意図して米国株を選択しているわけではなく、MSCIオール・カントリー・ワールド・インデックスに則った結果が、半数以上を米国株が占めるという形になってしまったのです。

注目のインデックス投信③

● eMAXIS Slim 全世界株式（オール・カントリー）

特色	全世界が対象の投信だが実際は半数以上が米国に投資している投信

純資産額	30,218.86 億円	**リターン（1年）**	41.1%
信託報酬	0.05775%	**リターン（3年）**	68.0%
運用会社	三菱UFJアセットマネジメント	**リターン（設定来）**	141.0%

5年間のパフォーマンス

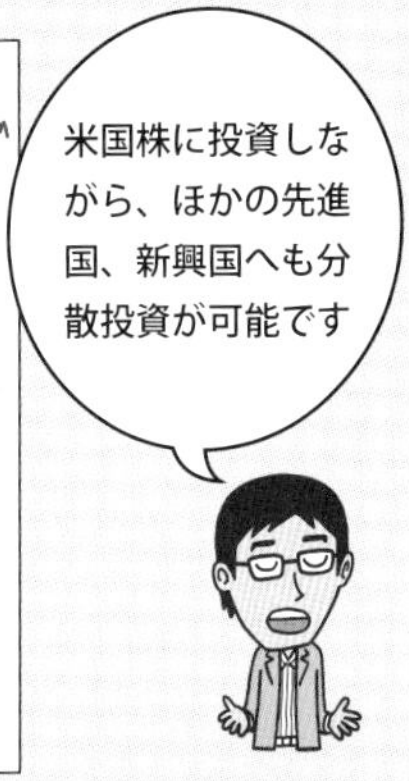

チャート：著者作成　（2024 年 4 月時点）

リスク回避 コスト削減なら

「オルカン」選択のメリットを挙げるなら、リスク回避とコスト削減ということでしょうか。

割合は多くなくとも、米国以外に分散投資ができているので、米国株が一時的に下げた場面などでのリスクヘッジが効きます（ただし米国株が長期に下げるなら他国の株も下げる可能性大です）。そして信託報酬が、わずかですがダウ・インデックスやS&P500インデックスの投信よりも低く設定されているので、コストも抑えることができます。

大きな上昇はねらえませんが、堅実にいくならオルカンもよい選択肢です。

SECTION

11 注目の米国アクティブ投信

ユニークな特徴を持つアクティブ投信たち

ここまで紹介してきたインデックス投信とは一味違った面白さがあるのが、アクティブ投信です。注目の投信をいくつか紹介しましょう。

フィデリティ・米国優良株・ファンド

米国の優良企業や将来優良企業になりそうな会社に投資をするファンドです。米国株に投資したいが、個**別株を選ぶのは難しい。でもS&P500などのインデックス投信では面白くない**という方にお勧めです。

S&P500を上回ることを目的にしつつ米国の優良企業に投資をするので、**S&P500のエリート企業に投資するようなイメージです。**

当然、マイクロソフトやアップルなどの米国優良企業はしっかりフォローしています。この1年のパフォーマンスは特に好調です。

米国製造業株式ファンド

米国政府が今、力を入れて産業政策を行っている**製造業界に投資するファンド**です。

2020年ごろから急速に基準価額を上昇させており、この3年で約2倍になっています。

米国が利下げを行う方向となっていること、また大統領選挙に向けて経済・産業政策を打っていくことからも、**米国の製造業の復活はこれからであり、この投信の上昇もこれからが本番だと期待できます。**

特にヘルスケア業界に関する投資割合が高く、アメテックやダナハーなどの日本人に馴染みの薄い米国のヘルスケア大企業に対して投資が可能です。

注目のアクティブ投信

● フィデリティ・米国優良株・ファンド

特色 米国の優良企業や将来優良企業になりそうな会社に投資をするファンド

純資産額	1,259.3億円	リターン（1年）	47.85%
信託報酬	1.639%	リターン（3年）	78.88%
販売手数料	3.3%	リターン（設定来）	473.90%

● 米国製造業株式ファンド

特色 米政府が力を入れて産業政策を行っている製造業界に投資するファンド

純資産額	113.43億円	リターン（1年）	36.41%
信託報酬	1.87%	リターン（3年）	85.31%
販売手数料	3.3%	リターン（設定来）	845.75%

● 日興USグローイング・ベンチャーファンド

特色 米国市場で直近5年以内に上場したベンチャー企業に投資するファンド

純資産額	56.13億円	リターン（1年）	39.19%
信託報酬	1.892%	リターン（3年）	25.08%
販売手数料	3.85%	リターン（設定来）	172.04%

（2024年4月現在）

日興USグローイング・ベンチャーファンド

米国市場に上場したベンチャー企業に投資するファンドです。

ここ数年はGAFA※が主役になっていますが、いつかは異なる業界や会社が台頭してくると思われます。しかし次に何が来るかは予想が極めて難しく、上場したばかりの会社は玉石混淆です。**この投資信託は上場間もない会社のなかでも有望な存在をいち早く見つけています。**例えば民泊仲介のエアビーアンドビーやウーバーなどに投資しています。

この投資信託を通じて将来の大企業を専門家に選んでもらいつつ保有していきましょう。

※米国IT業界を牽引する4企業グーグル、アップル、フェイスブック（現メタ）、アマゾンの略称

COLUMN 4

アップルはAAPL
マクドナルドはMCD

日本株には、それぞれの銘柄に「証券コード」というものがあります。例えば時価総額１位のトヨタ自動車の証券コードは７２０３です。この証券コードは売買注文を出すときに使用します。２０２４年より、新たに設定される証券コードには、数字に加えてアルファベットが入るようになりました。

一方、米国株には、このような証券コードはありません。その代わりに「ティッカーシンボル」というものがあります。例えば、アップルはＡＡＰＬ、アマゾンはＡＭＺＮ、ウォルト・ディズニーはＤＩＳです。社名に含まれるアルファベットや取り扱い商品に関連したアルファベットを用いることが多いです。

以前はニューヨーク証券取引所の銘柄は最大３文字まで、ナスダック証券取引所の銘柄は最大４文字までとされていましたが、現在はそうした決まりもなくなり、５文字のティッカーシンボルも出現しています。

日本株の証券コードは変わることはありませんが、米国株のティッカーシンボルは社名変更などによって変更になることがたびたびあります。メタへ社名変更した旧フェイスブックはＦＢからＭＥＴＡへとティッカーシンボルも変更になりました。

PART 4

成長投資枠で米国株の個別銘柄に投資する

SECTION

I

成長投資枠で個別銘柄にもチャレンジ！

自由な成長投資枠で攻勢に出る！

新NISAはつみたて投資枠と成長投資枠で構成されています。ここまでは主につみたて投資枠での投資を想定して説明を進めてきました。

つみたて投資枠では投資信託での運用が基本になるので、利益率だけで見ると少し地味目です。

つみたて投資枠で経験を積み、投資資金も積み上げることができたら、**より自由な成長投資枠で攻勢に出ましょう。**

成長投資枠で攻勢に出るときは、大きく2つの戦略があります。

①値上がり期待の銘柄で攻勢

②配当が高い銘柄で資金面を厚くして追加投資で攻勢

もちろん両方でバランスをとっていく戦略も魅力的です。

自由度が高いため守りを固めるのも有利

攻勢だけでなく、**守りを固める場合でも有利です。成長投資枠はつみたて投資枠よりも自由度が高いため、より強固なポートフォリオを構築できる**のです。

例えば、鉄道や電力、通信などは急激な株価の上昇がない代わりに大きな下落もあまり想定されません。こうした銘柄を保有して**値下がりリスクを減らしつつ、着実な配当をねらいに行く堅守戦略もオススメです。**

個別銘柄への投資は分析が必要

ただし、**個別株に投資をする場合は、つみたて投資枠で投資をするとき以上に分析が必要です。**つみたて投資枠で投資信託を購入するときはせいぜい「S&P500」か「ダウ」か、もしくは「世界経済」かなどの

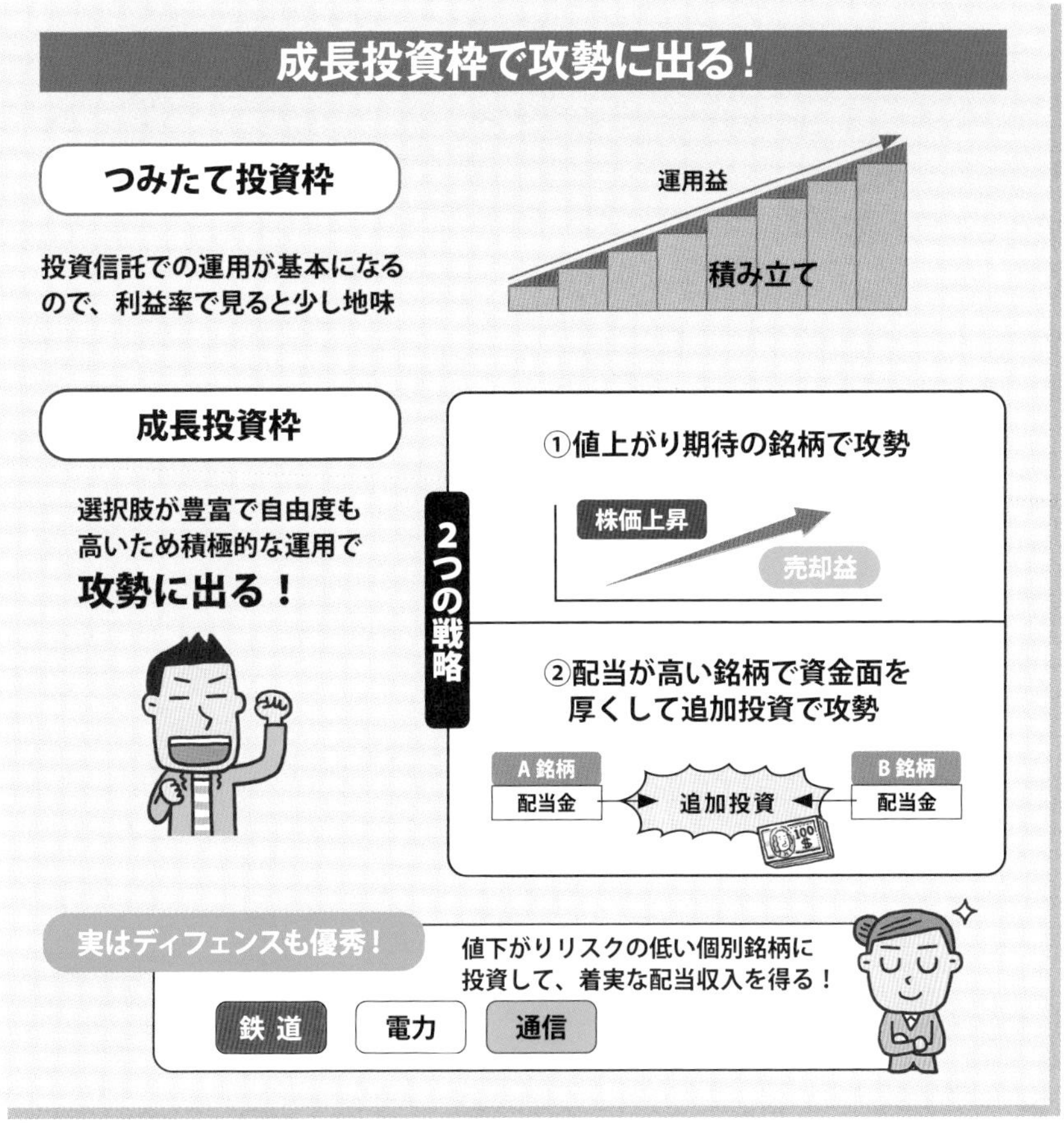

大枠を考える程度で十分でした。

しかし**個別銘柄に投資をする際には、そのなかから1社を決めなければいけません。また、売買の決断やそのタイミングに関しても考える必要が出てきます。**

例えばダウ投信に投資をした場合は投資先の銘柄の選択をする必要もなく、銘柄の変更も適宜行ってくれます。個別銘柄の場合はこうした部分も自分で考えていかなければいけません。

このように書いてしまうと難しそうに感じますが、この銘柄選定こそが株式投資で一番面白いところです。

次ページからは米国の経済と会社を勉強し、個別銘柄を見定めるスキルを身につけていきましょう。

SECTION 2

すっかり身近な存在になった米国企業

米国企業提供の商品が溢れている

米国企業の商品・サービスがすっかり身近な存在になって、ずいぶんたちました。なかには「**これは日本企業？ それとも米国企業？」という具合に区別がつかなくなっているものもある**でしょう。

そして、驚くことに私たちの回りには**米国企業「しか」なくなっている分野もあります。例えばウィンドウズとマックのコンピュータ分野。**アンドロイドとアイフォンのスマートフォンのOS分野。ネット配信でのエンタメ分野でもネットフリックスやアマゾン、ディズニープラスなどが、現在では存在感を大きく増しています。

米国企業サービスへの依存度が高まっている

以前は物珍しい存在だったテスラの電気自動車も、最近はよく見かけるようになりました。

震災時にはスターリンク等の衛星通信も活躍。日本の携帯電話各社はスターリンクやアマゾンの衛星通信網との連携を進めています。**この数年で各分野で米国企業のサービスへの依存度が高まっています。**

テレビで特集されるスーパーは大体イオンよりもコストコです。これはコストコでの買い物が、単なる物を購入するだけでなく、その場所自体が面白くイベント化しているからです。悲しいかな、このような消費者体験を与えることができる日本企業は数少なくなってきました。

日本に住む私たち日本人も、このように米国企業の商品やサービスを日常的に利用しているのです。**私たちが米国企業に投資するのも、それほど特別なことではないと感じられると思います。**

日常になじんでいる米国企業

● 身の回りにもたくさんの米国企業が！

会社名	商品
プロクター＆ギャンブル（P&G）	パンテーン、アリエール、レノア
ジョンソン・エンド・ジョンソン（J&J）	バンドエイド、リステリン
ユニリーバ	ダヴ、ラックス
ケロッグ	コーンフレーク、オートミール

SECTION 3

米国企業は新型コロナで強さを増した？

コロナ禍で社会が大きく変化

２０２０年ごろから猛威を振るった新型コロナウイルスは２０２３年にはようやく落ち着いてきました。しかしコロナウイルスがなくなったわけではなく、Ｗｉｔｈコロナとも言うべき状態です。

そして、**この３年間で社会は大きく変化しました**。企業においてはテレワーク・自宅勤務が一般化しました。これに関連して、社内外との各種会議などもオンライン化が進みました。

これに伴い、**通信の強化がより強く求められるようになりました**。従来の光ファイバーを敷設する必要のない、衛星を使ったインターネットシステムなども一般化してきました。

利用しているものは米国企業のシステム

ここで注目すべきは、「テレワーク・自宅勤務」や「オンライン会議」、「衛星インターネット」に関して、**日本国内でも利用されているのが米国企業のシステムである**という点です。

「テレワーク・自宅勤務」や「オンライン会議」ではマイクロソフトのチームスやグーグルのグーグルミート、またはズームが利用されています。これらはすべて米国の企業です。

また衛星インターネットシステムに関しても、すでに商用化されているのはテスラのイーロン・マスク氏が率いるスターリンクです。また次に展開が始まると言われているのもアマゾン。これらも言うまでもなく米国企業です。**コロナの影響で、米国企業は従来以上に強くなった**と言うことができます。

Miniコラム

衛星インターネットに注目！

衛星インターネットシステムは、2022年1月、トンガでの火山噴火によってダメージを受けた同国のインターネット復旧に使われたことで知られるようになり、ロシアの侵攻を受けたウクライナの支援でも活躍したことから注目を浴びるようになりました。ここに来て、日本のNTTなどがアマゾンと組んで衛星インターネットのプロジェクトを進めているようです。

SECTION 4

米国企業は紛争をも好材料にした？

ネガティブな出来事もその価値を高める

世界では日本に先駆けてコロナ禍を抜けたように見えたものの、ロシアによるウクライナへの侵攻などのさまざまな紛争が発生しています。

　こうした**世界各地での紛争も、米国企業の存在感を大きくしています**。ロシア軍がウクライナの占領地でスターリンクの衛星インターネットシステムを利用していると指摘されたり、中国でも利用に関してさまざまな議論が行われているなど、欧米以外でもプレゼンスを高めています。

　このように、従来であれば**経済面ではネガティブな影響を及ぼしそうな出来事が起こっていても、米国企業に関しては盤石で、以前にも増してその価値を高めている**ように見えます。

悪役だったはずが評価見直し！

　また、ＥＳＧや企業の社会的責任の文脈では**悪役としてとらえられがちだった石油産業や軍事・防衛産業に関して**、「エネルギーは経済を守るためには必須」との考え方や「自由と民主主義を守るために軍事防衛産業へ投資することが社会的責任」というように、**評価が変化しつつあります**。

　従来通り米国企業、米国株が世界を牽引している状況は変わりありませんが、以前にも増して彼らの存在感が高まり、さらに米国企業の中でも少し悪役的に見られていた会社たちが見直されつつあることには注目が必要です。

　このように、米国企業に関しては**他国の企業に比べてポジティブな材料が圧倒的に多い**と言えます。

紛争で評価が見直された米国企業

●テキストロン（TXT）

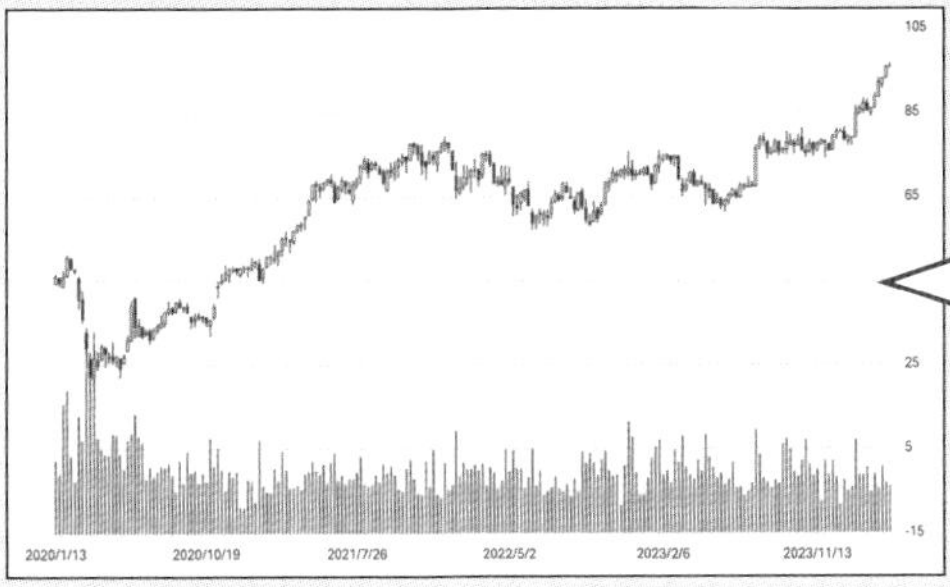

チャート：著者作成

防衛・航空関連での代表的なメーカー

●ロッキード・マーチン（LMT）

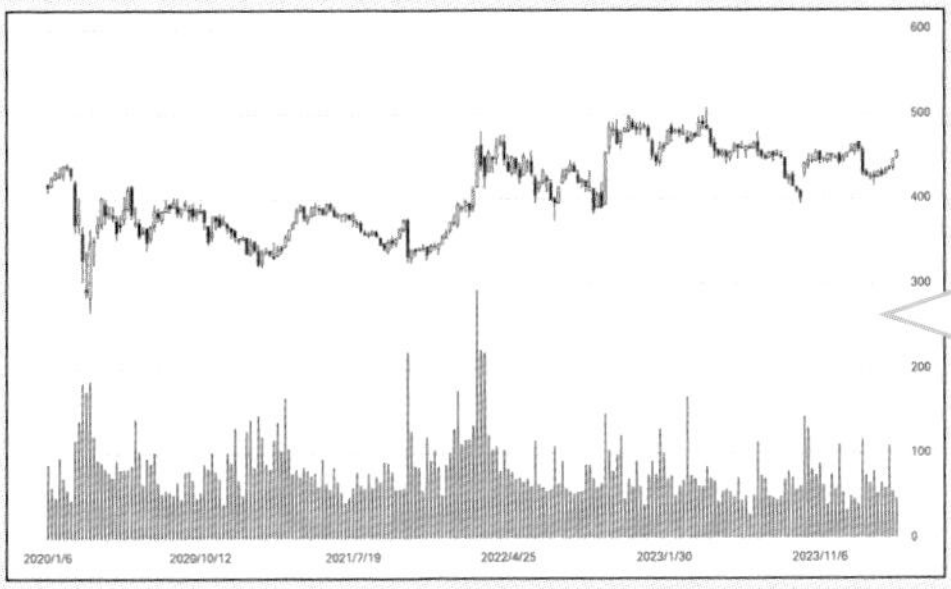

チャート：著者作成

F15 戦闘機のメーカー

●エクソン・モービル（XOM）

チャート：著者作成

石油関連の市場シェアを独占する「石油メジャー」

これまで悪役をこなしてきたこのような銘柄への再評価がされつつある

↓

紛争でも米国企業はその存在感を増している

SECTION 5

下がる下がると言われても下がらない米国株

さすがに下がる？今回こそ下がる？

米国株は何年も前から**「さすがにもう下がる」「今回こそ下がる」**と言われ続けてきました。**しかし下がりません。**

確かに株価が暴落する局面もありましたが、それも一時的なもので、そこから再び上昇して最高値を更新しています。中長期で見て、これだけ強い動き方をする株はそうありません。**なぜ、米国株だけこんなに強いのでしょうか？**

理由は簡単です。単純に米国が世界最強国家だからです。**軍事力だけでなく経済力も最強なのです。**

オバマ政権までは米国は世界の警察官であり、世界のリーダーを自覚していました。グローバルな視野で政治・経済を見据えていた反面、自国内には注力していませんでした。そのため、この時代に中国やロシアが台頭。そして「米国株は下がる」と言われ始めました。

世界最強国家が自国のために行動する

ところがトランプ政権以降、米国は国内を重視するようになりました。**世界最強国家が全力で自国内のために行動するようになれば当然、米国経済・米国株は上がります。**

米国はエネルギーも食料も自給率が100％を超える国。**自国内のためだけに行動していても、実はまったく困らないのです。**ここが日本や中国と大きく違う点です。特に日本はエネルギーも食料も海外から輸入しないと生きていけません。

近年は産業政策に舵を切り出した

これまで米国政府は自国の特定の産業を助けることはしてきませんで

世界最強だから下がらない

●2019年からのS&P500チャート

チャート：著者作成

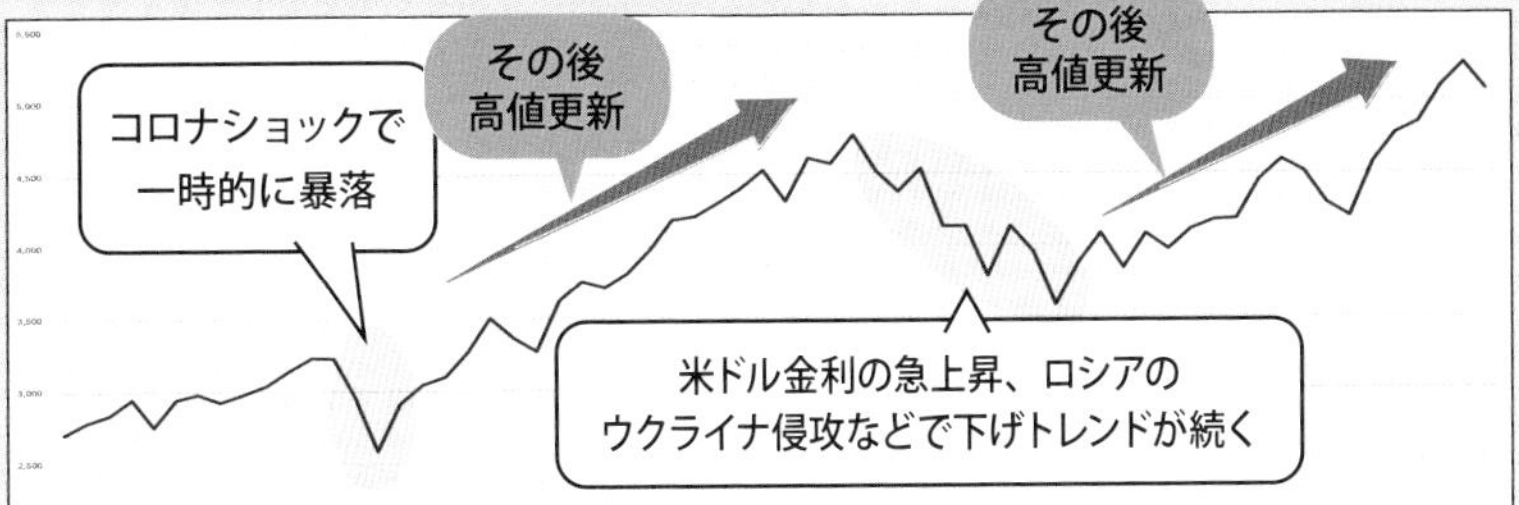

下がる下がると言われながら、下がらない（下がってもそのあと高値更新）

●主要国の食料自給率（2020年）

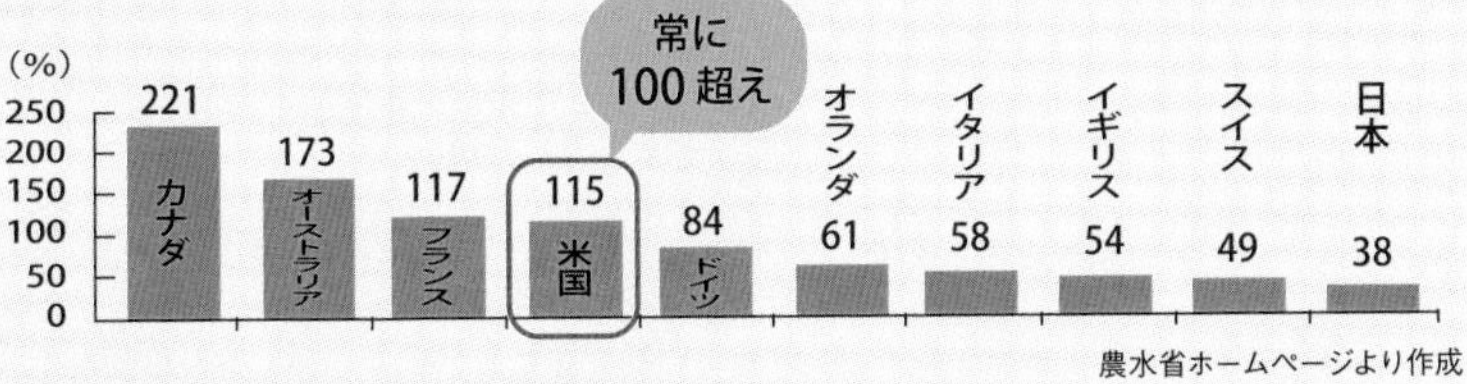

農水省ホームページより作成

●主要国のエネルギー自給率（2020年）

国名	自給率
ノルウェー	759.3%
オーストラリア	345.5%
米国	106.0%
イギリス	76.0%
日本	11.3%

資源エネルギー庁ホームページより作成

した。イノベーションを後押しはしますが、衰退し消える産業は衰退させ、新しい産業を基軸にしてきました。だからこそアメリカンドリームが生まれ、世界から知識と技術と富が集まってきたのです。

そんな米国が、**近年は産業政策に舵を切り、特に水素エネルギーを利用して世界中から製造業を呼び込み始めています。**

GAFAをはじめとする**非製造業が集まる国である米国で、徐々に製造業も復活しつつある**のです。また、製造業は工場などで労働者が必要なため、雇用も増えています。結果、経済がさらに成長します。

この良いスパイラルはしばらく止まらないでしょう。

SECTION 6

米国株を持つことこそ日本人のリスクヘッジ！

米国株への投資＝リスクが高い？

私たちはつい、**日本株ではなく米国株に投資すること＝リスクが高い？と考えてしまいがち**ですが、実は**米国株に投資すること自体がリスクヘッジになるという考え方**もあります。

私たち日本人の大半は、日本企業に勤めて日本円で給料をもらっています。勤務している企業の業績は、日本の景気に左右される面が多いでしょう。当然、私たちの給料も同じく景気に左右されます。

そして貯蓄などの資産も多くの人は、銀行預金などの日本円で持っていると思います。

よく考えると、これは**日本という国、そしてその国の通貨である日本円に人生のすべてを投資している状**況なのです。日本経済の雲行きが怪しくなれば私たちの給料も資産も、足並みを揃えるように価値を落としてしまいます。

日本国、日本円と切り離した投資を！

例えば、日本円のみで長年資産運用を行い、多額の資産を築いたとしましょう。しかし、そのときに日本円の価値が世界的に見て今の半分になっていたとしたら、どうでしょうか？　例えば1ドルに対する日本円の価値は、この10年で１００円から１５０円へと、大きく下落（円安）しています。この傾向は、今後も中長期的なトレンドで続きそうです。

そんな状況下で日本円だけで資産を持ってしまうのは、リスクの高い状態です。せめて投資に関しては日本国（円）と切り離しておきたいもの。**普段の収入源とは異なる米国（ドル）に投資をすることで、このリスクヘッジができるようになります。**

日本や円と切り離すことがリスクヘッジ

● 日本国・日本円に人生のすべてを投資している状況

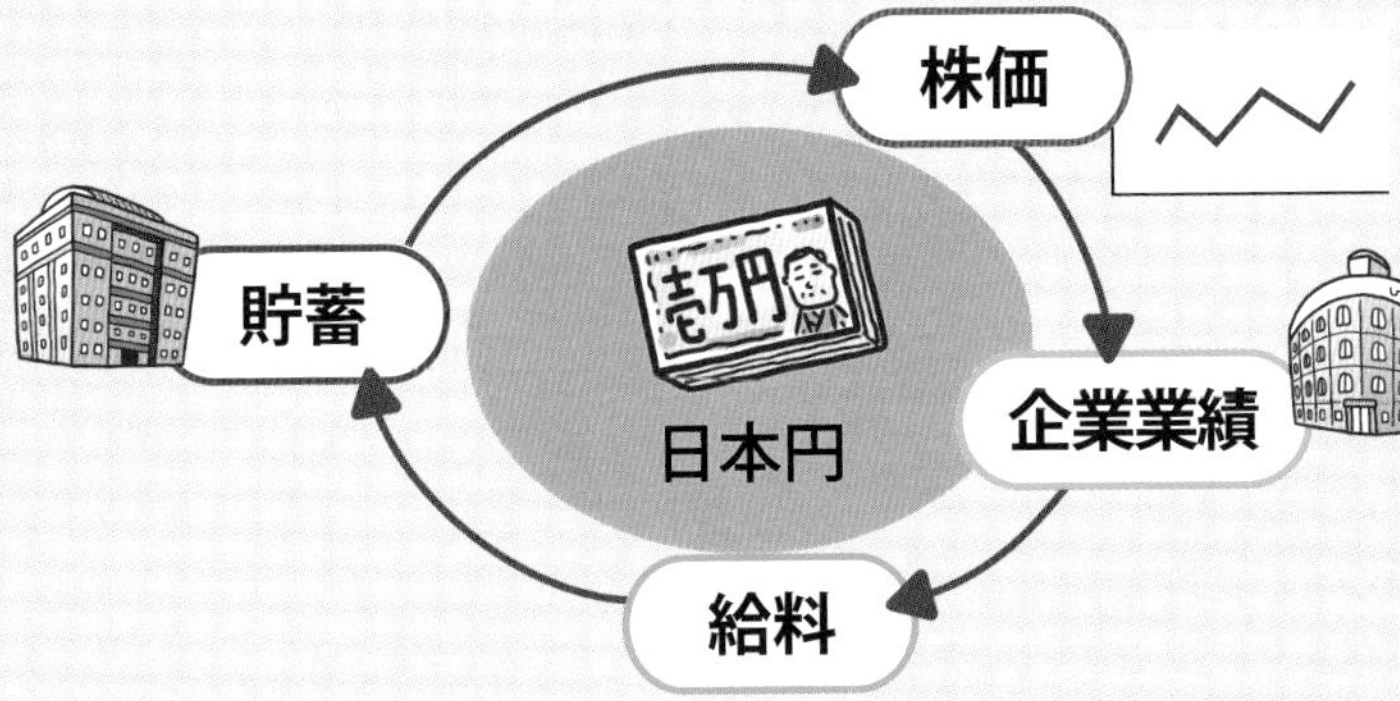

● 日米の株価の推移

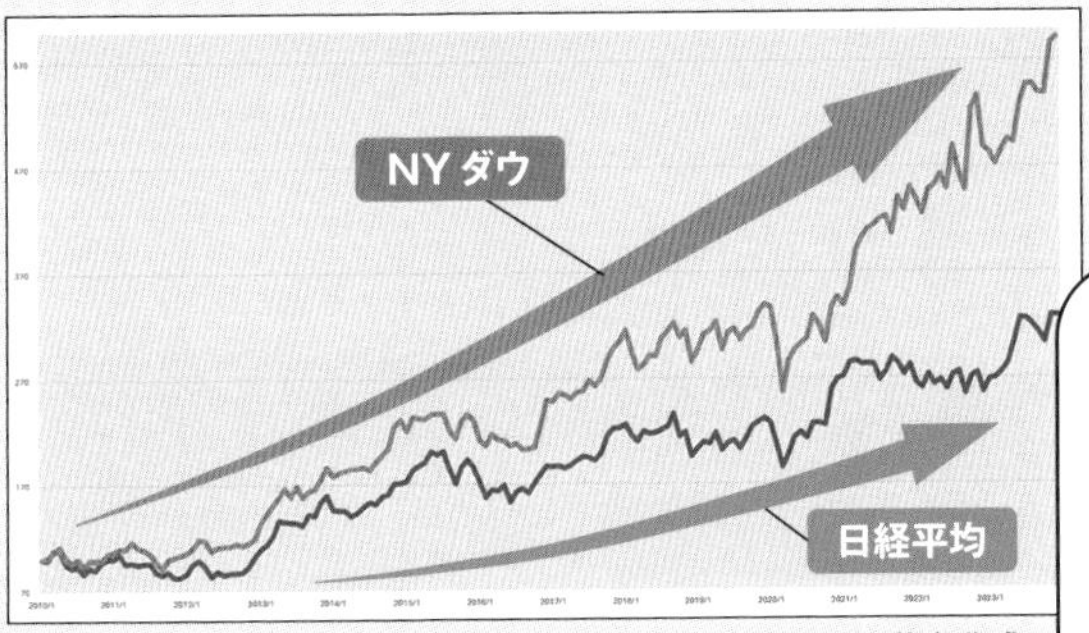

チャート：著者作成

● 過去 10 年間のドル / 円

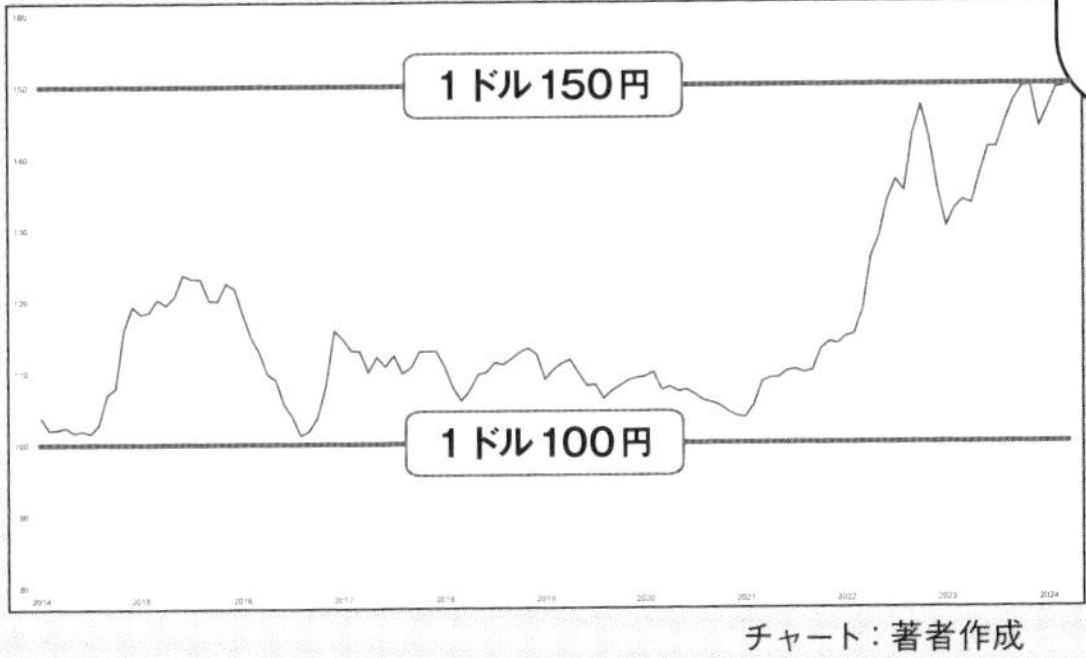

チャート：著者作成

SECTION 7

米国株個別銘柄の情報はどう入手する？

英語がわからなくても日本語だけで大丈夫

例えばアップルやマイクロソフト、マクドナルド、コカ・コーラ、ジョンソン・エンド・ジョンソンなどの商品は、皆さんの自宅や会社など身の回りにあると思います。

目の前になかったとしても、これらの会社の商品のいくつかは、パッと思いつくのではないでしょうか。

米国株投資は、そこがスタートラインです。**私たちにとって身近な会社の銘柄から情報収集してみるのがよいと思います。**

これらの会社の多くは、日本法人が日本語でホームページを作成しているので、手軽に情報を入手できるでしょう。

米国株というと、「英語を理解できなくては」と考えているかもしれません。しかし、**有名企業であれば決算のニュースや各種サービスなどについて、日経新聞をはじめとした日本語の各種メディアにたくさん掲載されています。**

ＩＴ関連は個人サイトも参考に

また、アップルなどのＩＴ、ガジェット関連の企業については、その**ファンのブログやサイトが参考になります。**

新商品や新サービスについての、専門家顔負けの分析や賛否コメントを読むことができます。これらを見ながら、「売れそうだな」「売れなさそうだな」と判断するのもよいでしょう。何より、自分自身がそれを魅力的に感じるかどうかも大切なポイントです。

今時の分析手法はＡＩを駆使して

ただし、やはり英語の資料を読み

個別銘柄の情報を集める

● 日本法人のHPをチェック

アップル Newsroom
(https://www.apple.com/jp/newsroom/)

アマゾン Newsroom
(https://amazon-press.jp/)

● 現地のHPは翻訳サイトを駆使して

ヤフーファイナンスのUSA版
(https://finance.yahoo.com/)

翻訳サイト DeepL
(https://www.deepl.com/home)

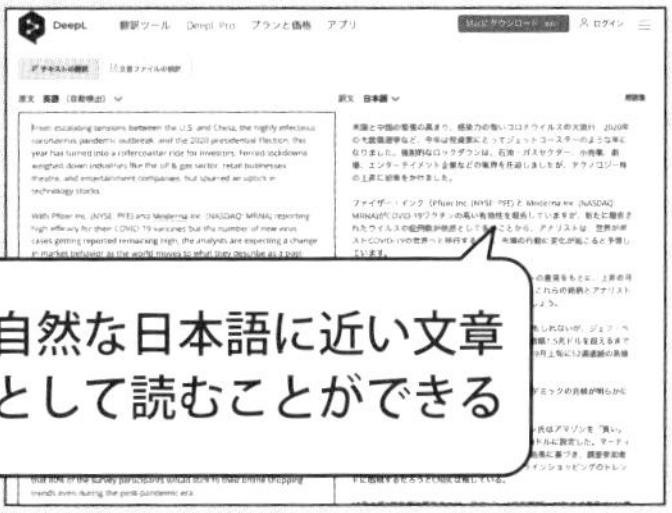

自然な日本語に近い文章として読むことができる

込めるとよりくわしい情報を得ることができるのは間違いありません。**ヤフーファイナンスも日本版ではなく米国版を見ると、ダイレクトな情報を入手できます。**

英語がわからなくても、**最近の各種翻訳機能は目を見張るものがあります。**例えばAIが翻訳してくれるサイト「DeepL」などを使えば、自然な日本語に非常に近い感覚で情報を読むことができます。また、マイクロソフトのコパイロットで検索すると、AIが現在の株価や将来性、予想をまとめてくれます。有料版と無料版がありますが、この機能は無料版でも利用できます。

ただし日本語で検索すると基本的に日本のサイトから情報をまとめてくるので注意してください。

SECTION

8

個別銘柄投資での投資スタイル

知っている企業のさらなる飛躍を期待

個別銘柄の基本的な投資スタイルは、「**自分の知っている企業の株式を買う**」です。そして、**配当を受け取りながら値上がりを目指す**のがよいと思います。

自分の知っている企業というのは、例えばアップルやマイクロソフトのような会社です。

中長期で保有し配当を受け取りながら、その企業の各種研究や開発が成功してさらに株価が上昇していくことを期待するスタイルです。

これらの企業の配当利回りは1～2%程度だったりしますが、そのぶん、**数年で株価が倍になるような大きな値上がりを期待することができます**。

高配当を着実に積み重ねる

「**配当金が高い有名大手企業を長期保有する」というスタイル**もあります。

例えばエクソン・モービルやAT&Tのようなすでに成長しきっていて、これから大きく躍進することは想定しにくいものの、配当の金額が大きい銘柄に投資をするのです。

おそらく両者ともに私たちには身近ではないかもしれないけれど「聞いたことはある企業」だと思います。

このような世界的に展開している大企業のなかでも配当が高い企業に投資をすることで着実に利益を得ていきます。

こうした銘柄の**配当利回りは6～7%、なかには10%近い配当のものもあります**。ただし、その多くはタバコや石油などの業界。これから**株価が大きく上昇するのは期待しにくいので、配当を着実に積み重ねていく**ことになります。

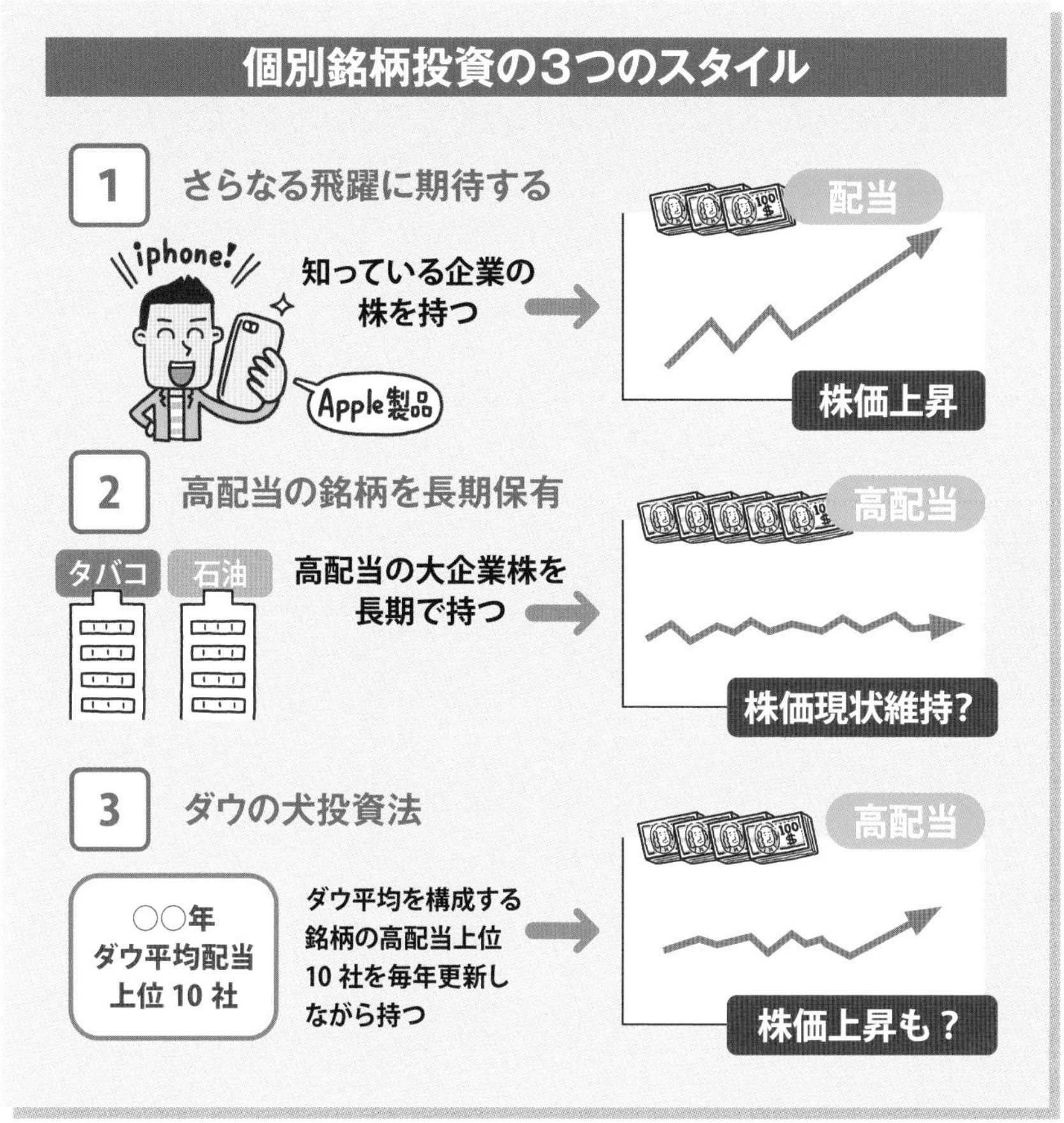

高配当上位10社を ひたすら追いかける

「ダウの犬投資法」と言われるもので、50年以上前から存在している有名な投資スタイルがあります。毎年ダウ平均を構成している30社のなかから**配当が高い上位10社の銘柄を保有**します。翌年にも高配当上位10社をチェックし、**入れ替わった企業があれば自分の持っている銘柄も同じように変更します**。

このスタイルはダウ全体やS&P500の配当よりも高い配当を得ることができます。

では次ページより、筆者が注目している個別銘柄を20ほど取り上げて解説していきたいと思います。

MICROSOFT CORPORATION

NASDAQ
ナスダック証券取引所

マイクロソフト （MSFT）

私たちが利用するパソコンのウィンドウズやエクセルなどのオフィスに代表されるように現代のインフラ・プラットフォームを牛耳っている会社です。ウィンドウズが利用できなくなるとあらゆる業界がダメージを受けてしまいます。アップルのＭＡＣがクリエイティブ方面で受け入れられているとはいえ、まだまだダントツのシェアを占めています。

一方で、近年の中核的商品は「ＡＩ」になりつつあります。アジュールブランドのクラウドビジネスとも連動して、業界最高レベルのＡＩビジネス展開を行っています。

最近は日本でもＣＭで生成ＡＩを使ったモデルが登場したり、芥川賞を受賞した小説で一部ＡＩが利用されたことも話題となったりしましたが、今後も利用シーンが拡大すればするほど、マイクロソフトの売上・利益につながっていきます。

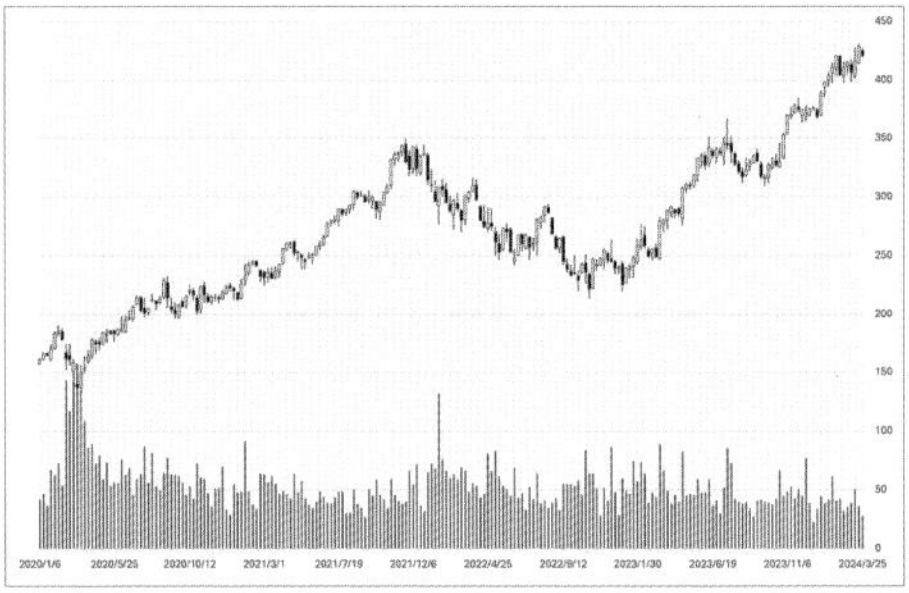

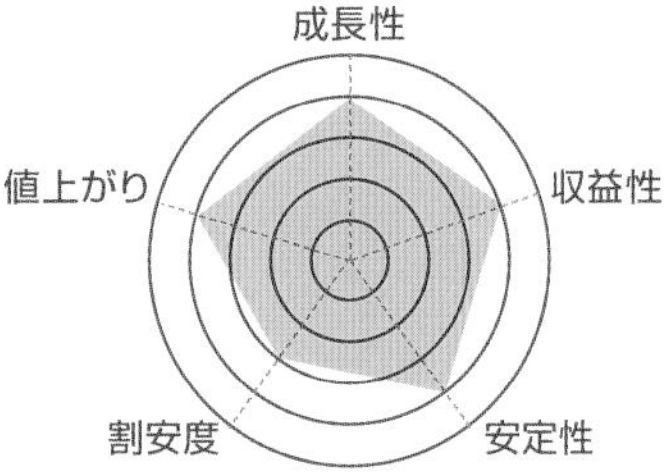

AI を中核的商品として展開。
成長性に注目

時価総額	2,979,307,710（千ドル）	※ PER	41.25 倍
株価	400.96 ドル	配当利回り	0.71%

年度	売上高（百万ドル）	営業利益（百万ドル）	※ EPS（ドル）
2021/06	168,088.00	69,916.00	8.12
2022/06	198,270.00	83,282.00	9.70
2023/06	211,915.00	88,493.00	9.72

※ PER、EPS は 162 ページにて説明
株価・業績データはすべて 2024 年 4 月現在
チャートはすべて著者作成

APPLE INC.

NASDAQ
ナスダック証券取引所

アップル （AAPL）

かつて、私たちにとって最も身近なAIと言えばSiriで、アップルの存在は際立っていましたが、最近話題となっている生成AIの分野では、出遅れているように見えます。

マイクロソフトのようにクラウドやAIではなく、依然としてハードウェアとソフトウェアを重視しているアップルは、2024年2月に発売したビジョン・プロで覇権を取れるかが注目されています。従来のVR用機器としてではなく、「空間コンピューター」という立ち位置での登場です。

アップルとしてはアイフォンで携帯電話を再定義して、一気に覇権を取った際と同じことをねらっていますが、果たして成功・一般化するでしょうか。成功すれば世の中からパソコンモニターというものがなくなるかもしれません

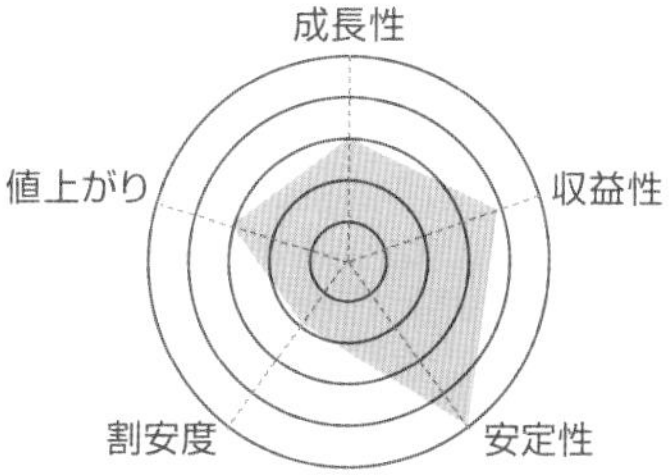

AIではなく依然としてハードウェアと
ソフトウェアを重視

時価総額	2,560,881,545（千ドル）
株価	165.84 ドル

PER	26.92 倍
配当利回り	0.56%

年度	売上高（百万ドル）	営業利益（百万ドル）	EPS（ドル）
2021/09	365,817.00	108,949.00	5.67
2022/09	394,328.00	119,437.00	6.15
2023/09	383,285.00	114,301.00	6.16

TESLA,INC.

NASDAQ
ナスダック証券取引所

テスラ（TSLA）

テスラの戦略の面白い点は、効率化とプラットフォーム、サブスクリプションビジネスに注力していることです。「自動車販売による売上」よりも「自動車販売による充電プラットフォームの利用や自動運転のサブスクリプションを増加」させるために、自動車の価格を引き下げて自動車販売に力を入れています。セダン型の自動車だけでなく、サイバートラックの展開も始まっています。そして営業利益率もBMWなどの他社と比べても高くなっています。かつての勢いは落ち着きつつありますが、各国で地球温暖化対策の文脈でEVに大きな補助金が出ることもテスラを後押ししています。

一方で経営者であるイーロン・マスク氏の言動がリスク視されています。同氏はさまざまな革新的なビジネスを始める投資家ですが、同時に心配の種でもあります。

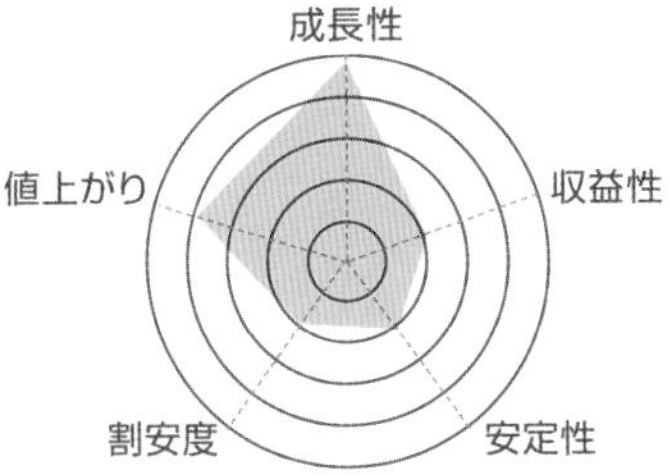

プラットフォームとサブスクリプションビジネスに注力

時価総額	452,399,478（千ドル）	PER	30.03 倍
株価	142.05 ドル	配当利回り	—

年度	売上高（百万ドル）	営業利益（百万ドル）	EPS（ドル）
2021/12	53,823.00	6,523.00	1.87
2022/12	81,462.00	13,632.00	4.02
2023/12	96,773.00	8,891.00	4.73

UNITED RENTALS INC.

NYSE
ニューヨーク証券取引所

ユナイテッド・レンタルズ（URI）

世界最大の建機レンタル会社です。1日数百円レベルの電動ドライバーから、クレーンのような大型機械まで、さまざまなものをレンタルしています。

コロナが落ちつき、世界的に経済活発化による公共工事が始まったことでニーズが高まっており、この数年は売り上げは絶好調です。今後想定されるのは各地の紛争が落ちついたあとの復興や周辺地域の経済対策の取り込みです。どこの国も経済政策と言えばまずは公共工事。この公共工事をレンタルという手法を使って世界中から取り込めるビジネスモデルは極めて強力です。

また、米国の産業がハイテクから製造業に回帰しつつある現代においては、米国内での建設ニーズも大きくなると予想されます。

米国内外、まさに世界の経済政策を取り込めるのは極めて魅力的な会社・銘柄です。

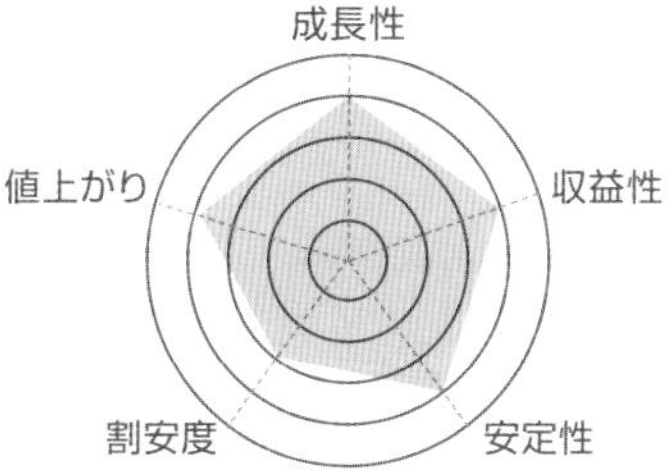

ここ数年は売り上げ絶好調。
今後もニーズは高まりそう

時価総額	42,270,279（千ドル）	PER	17.78倍
株価	629.3ドル	配当利回り	0.92%

年度	売上高（百万ドル）	営業利益（百万ドル）	EPS（ドル）
2021/12	9,716.00	2,277.00	19.14
2022/12	11,642.00	3,232.00	29.77
2023/12	14,332.00	3,827.00	35.40

ALTRIA GROUP,INC.

NYSE
ニューヨーク証券取引所

アルトリア・グループ (MO)

旧社名はマールボロなどのタバコで知られるフィリップ・モリス。米国内でのみアルトリア・グループとしてビジネスを行っています。マールボロが会社の売上の9割近くを占め、国内タバコ市場でのシェアも40%以上と圧倒的です。一方で、電子タバコはこれから力を入れようとしています。

このアルトリアの特色は「配当力」の強さです。日本企業の多くは年に1回もしくは2回程度の配当ですが、アルトリアは年4回も配当があります。また50年間、会社のスピンアウトなどの理由がない限りは配当の金額を増加させており、現在も配当利回りは10%に近い高配当です。

しかし、日本と同様に米国でも喫煙者は減少傾向で、業界も成熟しているので中長期的には売上や利益、株価が大きく上昇する可能性は高くはありません。また規制によっては株価下落の可能性もあります。

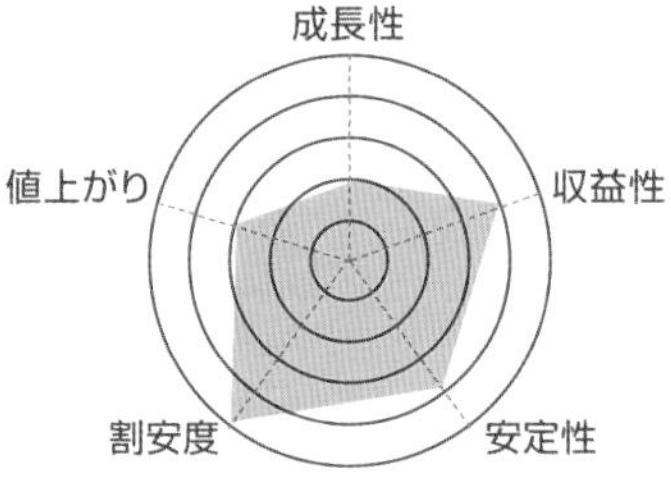

米国株の中でも抜群の配当利回り

時価総額	73,119,357 (千ドル)	PER	9.32 倍
株価	42.57 ドル	配当利回り	9.41%

年度	売上高 (百万ドル)	営業利益 (百万ドル)	EPS (ドル)
2021/12	26,013.00	10,911.00	1.34
2022/12	25,096.00	11,919.00	3.19
2023/12	24,483.00	11,547.00	4.57

BERKSHIRE HATHAWAY INC.B

NYSE
ニューヨーク証券取引所

バークシャー・ハサウェイ クラスB（BRK.B）

会社としては保険業がメインですが、実質的には「投資の神様」と呼ばれるウォーレン・バフェットが率いる世界最大の投資ファンドです。日本の総合商社に投資していることも話題になりました。

バークシャー・ハサウェイの株式は、議決権付きで価格が高い（1株60万ドル）A株と、1株４００ドル程度のB株の２つがあります。A株は金額も大きいため機関投資家と呼ばれる投資会社などが売買を行い、個人投資家の多くはB株を売買します。米国株の上昇に伴い、B株の株価も上昇していますが、まだ日本円で6万円程度。世界最強とされる投資家のヘッジファンドに6万円で参加できるなら割安と言えます。

バフェットは以前「ハイテク業界はわからないので投資しない」と発言していましたが、近年は方針を変更したのかハイテク業界にも投資をしています。

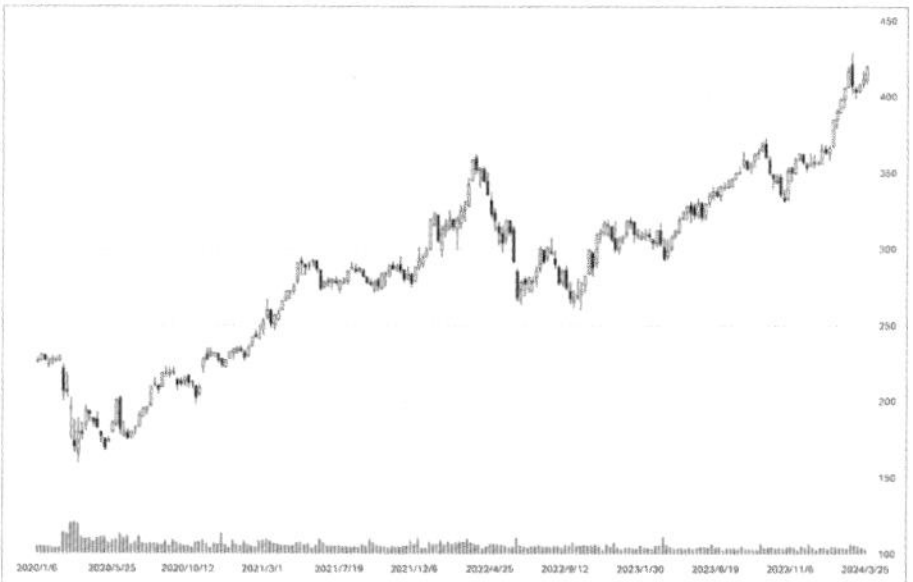

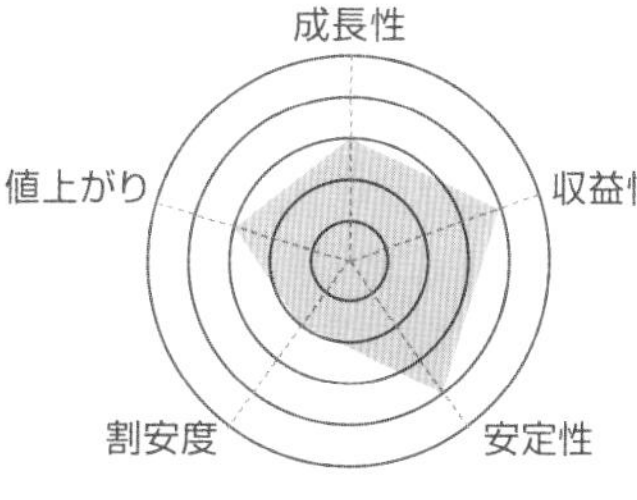

最強ヘッジファンドに
格安で投資できる

時価総額	535,908,539（千ドル）	PER	0.03倍
株価	408.78ドル	配当利回り	―

年度	売上高（百万ドル）	営業利益（百万ドル）	EPS（ドル）
2021/12	276,185.00	32,433.00	59,553.83
2022/12	302,020.00	35,536.00	-15,494.16
2023/12	364,482.00	43,338.00	66,411.99

GE AEROSPACE

NYSE
ニューヨーク証券取引所

GE エアロスペース （GE）

もとはトーマス・エジソンが設立した世界最大の総合電機メーカーGEです。電力から航空機、金融まで幅広く展開をしていました。近年はかなり苦戦をしており、存亡の危機とも言われた時期がありましたが、2022年ごろから復活してきています。

現在は「ヘルスケア」「エネルギー」「航空機」の3つの分野に会社を分けて、GEのティッカーシンボルは航空機分野のGEエアロスペースが受け継ぎました。航空・宇宙事業を手掛けるGEエアロスペースについて、航空機需要の回復を背景に投資家はかなり期待をしています。

また、米国が製造業復活に向けて各種政策を進めるなかで、米国政府としてGE復活=米国復活とも見ていると思われます。

米国は今後製造業の国に回帰していくと思われるので、割安な今こそ注目し、今後の成長に大きく期待したい銘柄です。

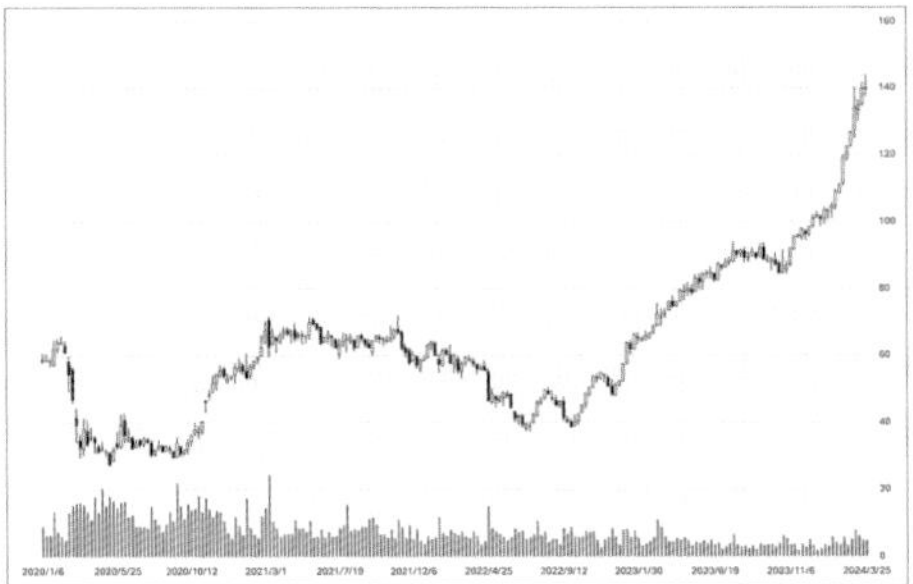

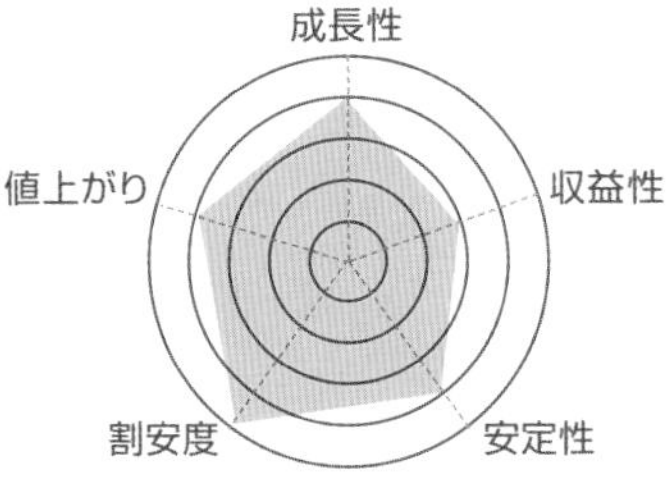

現状はまだ割安。
今後の成長に大きく期待

時価総額	164,197,790（千ドル）	PER	18.63倍
株価	150.19ドル	配当利回り	0.71%

年度	売上高（百万ドル）	営業利益（百万ドル）	EPS（ドル）
2021/12	56,469.00	-7,170.00	-4.66
2022/12	58,099.00	-2,235.00	-1.16
2023/12	67,954.00	1,627.00	8.06

MCDONALD'S CORPORATION

NYSE
ニューヨーク証券取引所

マクドナルド (MCD)

ここで触れるのは米国のマクドナルド社です。ビジネスモデルとしては、米国や日本などのマクドナルドに対して「マクドナルド」のブランドを利用させるロイヤリティ収入がメインになっています。

世界的に直営店ではなくフランチャイズビジネスへ転換しており、加盟店からのフランチャイズ収入を積み上げています。フランチャイズを展開する際には、その土地や建物をマクドナルド社が購入し、フランチャイズへ貸し出すことで、賃料収入を得るという不動産ビジネスで経営を安定化させています。

同社のマニュアルの完成度は非常に高く、有名大学のMBAなどでも数多く参考にされています。

まだまだ世界展開の余地のある企業で、投資先としても大変面白い会社です。

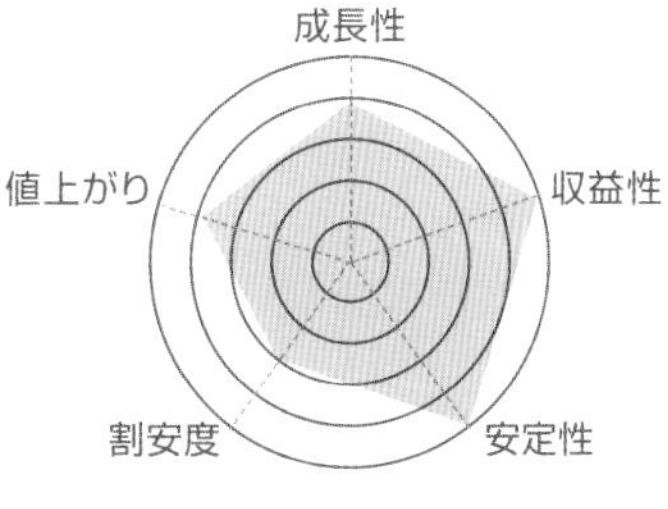

飲食業界での圧倒的なブランド力

時価総額	198,694,439（千ドル）	PER	23.7倍
株価	275.58ドル	配当利回り	2.50%

年度	売上高（百万ドル）	営業利益（百万ドル）	EPS（ドル）
2021/12	23,222.90	10,356.00	10.11
2022/12	23,182.60	8,834.00	8.39
2023/12	25,493.70	11,646.70	11.63

AMAZON.COM,INC.

NASDAQ
ナスダック証券取引所

アマゾン・ドット・コム（AMZN）

日本でも大変有名なサイトを運営する会社です。しかしアマゾン全体ではECサイトとモールビジネスからの脱却を進めており、AWSと呼ばれるクラウドコンピューティングサービスの比率が拡大中です。またアマゾン・ミュージックなどのサブスクリプションやリアル店舗も展開中です。

　注力するAWSに強い勢いがあり、世界的に展開しているセールスフォースという顧客管理関係のシステム会社や自動車のBMW、韓国の財閥LGグループなどの大企業とも契約を行いました。

　実店舗展開に関してはネットでの集客力をいかにリアルに落とし込むかを検討。スーパーマーケットビジネスにおいてはM&Aで買収を行ったり、無人のスーパーを構築したりとチャレンジを進めています。

　既に世界的大企業ではあるものの、まだまだ成長余地がある企業です

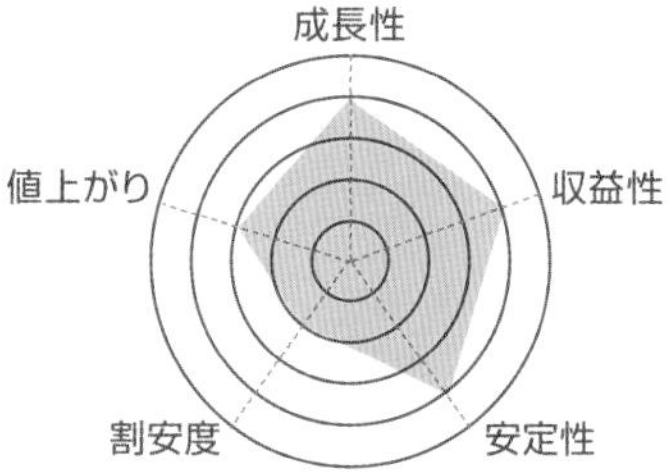

世界的大企業でありながら
まだまだ成長余地あり

時価総額	1,843,678,325（千ドル）	PER	60.08倍
株価	177.23ドル	配当利回り	—

年度	売上高（百万ドル）	営業利益（百万ドル）	EPS（ドル）
2021/12	469,822.00	24,879.00	3.30
2022/12	513,983.00	12,248.00	-0.27
2023/12	574,785.00	36,852.00	2.95

VISA INC.

NYSE
ニューヨーク証券取引所

ビザ （V）

日本でも有名な会社で、クレジットカード会社だと思われがちですが、実はそうではありません。ビザは「クレジットカードの決済サービス」を提供している会社で、ビザ自身はクレジットカードを発行していません。クレジットカードを発行している会社に対して、その裏側のシステムを提供している会社です。

日本では○○ペイが一時はやりましたが、世界的にはキャッシュレス決済ではクレジットカードが圧倒的に利用されており、そのクレジットカード業界ではビザがダントツのシェアを持っています。

日本においても、コロナ禍で非接触としてのカード払いや、外国人のインバウンドをターゲットにしたクレジットカード払いも増えてきています。

今後は発展途上国などへの進出も期待でき、まだまだ大きな成長が見込まれます。

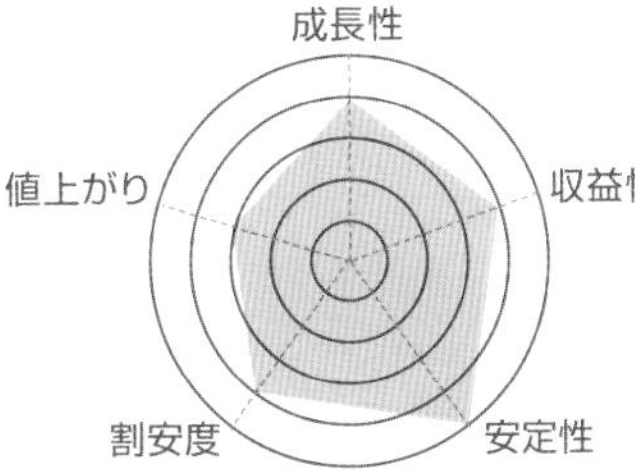

発展途上国への進出など
大きな成長見込み

時価総額	430,714,462（千ドル）
株価	272.33 ドル

PER	61.47 倍
配当利回り	0.75%

年度	売上高（百万ドル）	営業利益（百万ドル）	EPS（ドル）
2021/09	24,105.00	15,804.00	5.64
2022/09	29,310.00	18,813.00	7.02
2023/09	32,653.00	21,000.00	8.30

AMERICAN EXPRESS COMPANY

NYSE
ニューヨーク証券取引所

アメリカン・エキスプレス（AXP）

通称「アメックス」で知られるクレジットカードビジネスが有名ですが、トラベラーズチェックや保険、銀行業も展開しています。ウォーレン・バフェットが率いるバークシャー・ハサウェイが大株主であることでも有名です。

ビザとはビジネスモデルが異なり、アメリカン・エキスプレスは個人や法人向けにクレジットカード自体を提供しています。一見、クレジットカードビジネスは飽和状態のようにも見えますが、実はまだまだ売上が成長しています。米国で金利引き下げが実行されるとクレジットカードを利用した支出が増加し、アメリカン・エキスプレスとしてはさらにプラスになります。

気になる点としてはリボ払いの顧客増。利益率が高い一方で返済不能の顧客も増えてきています。売上・利益とリスクをしっかりコントロールできるかに注目です。

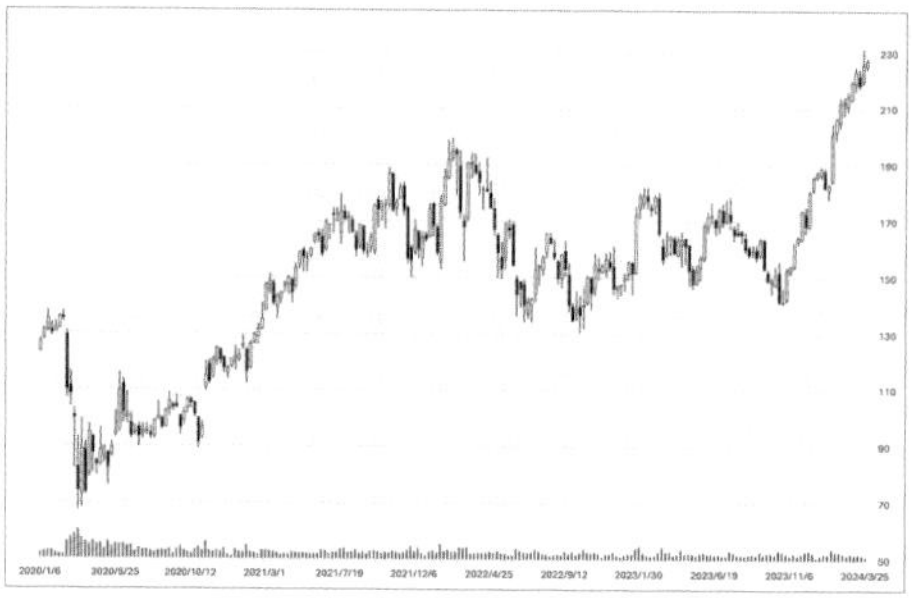

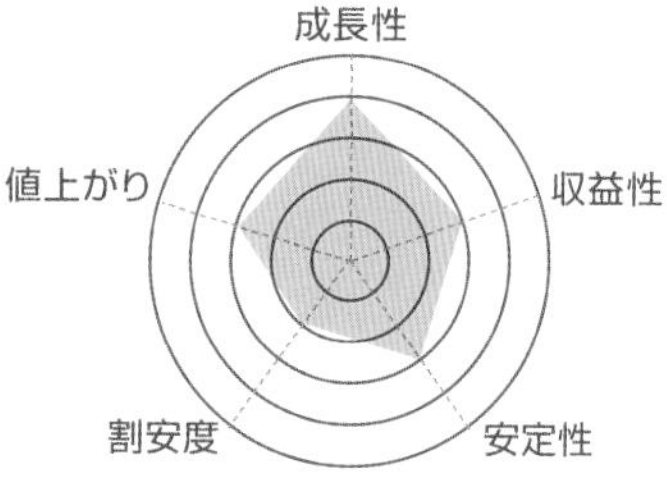

バフェットが大株主。
売上もまだまだ成長中

時価総額	167,597,611（千ドル）	PER	20.75倍
株価	233ドル	配当利回り	1.25%

年度	売上高（百万ドル）	営業利益（百万ドル）	EPS（ドル）
2021/12	42,380.00	10,689.00	10.04
2022/12	52,862.00	9,585.00	9.86
2023/12	60,515.00	10,513.00	11.23

D.R. HORTON,INC.

NYSE
ニューヨーク証券取引所

D.R. ホートン （DHI）

米国のほぼ全域で住宅建設ビジネスを行っている会社です。バークシャー・ハサウェイが買ったことで、「バフェットが米国住宅市場に強気」と話題になりました。

DRホートンは土地を取得し開発、その土地に住宅や賃貸用住宅を建設し販売しています。また、住宅ローンの融資や保険サービスなども展開しています。日本の住宅メーカーと同じようなことをしている会社と認識してよいでしょう。

かつて米国では中古住宅のニーズが高かったのですが、在庫が減少しているために新築のニーズが大きくなっています。日本のような「新築信仰」が発生するかは未知数ですが、ヨーロッパに比べると新築が許容される可能性は高そうです。

売上など順調に伸びており、住宅に関する考えに変化が生まれるなら、極めて高い成長が期待できます。

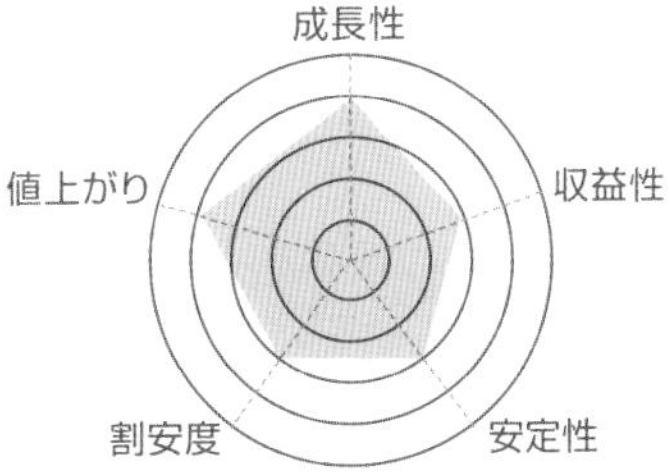

新築ニーズの高まりに注目

時価総額	47,241,185（千ドル）	PER	10.27倍
株価	143.07ドル	配当利回り	0.75%

年度	売上高（百万ドル）	営業利益（百万ドル）	EPS（ドル）
2021/09	27,774.20	5,356.30	11.56
2022/09	33,480.00	7,629.70	16.65
2023/09	35,460.40	6,314.70	13.93

UNION PACIFIC CORPORATION

NYSE
ニューヨーク証券取引所

ユニオン・パシフィック（UNP）

ユニオン・パシフィックは米国の西部から中部の鉄道網を担っている会社です。人員の運送ではなく、広大な米国の物流を支えている存在です。

17年連続増配を行っており、売上や利益も増加傾向。特に営業利益率が約40％と、極めて高いのが特徴です。また輸送するものが車や農作物、化学品、石炭など、米国の景気に連動するものが多く、売上や利益が米国経済とともに増加していきます。

鉄道会社はどこの国でも参入障壁が極めて高く、新たな会社が鉄道ビジネスに入ることはなかなかできないので、ディフェンシブ銘柄と呼ばれるような、安定成長銘柄になります。

米国の経済が好調になればなるほど売上や利益が上昇していく会社になりますので今後の成長に期待です。

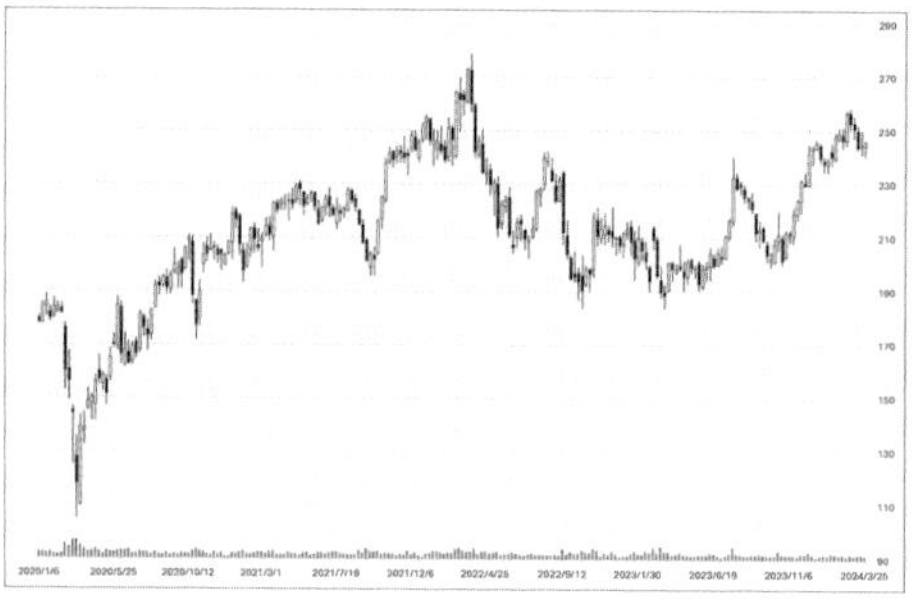

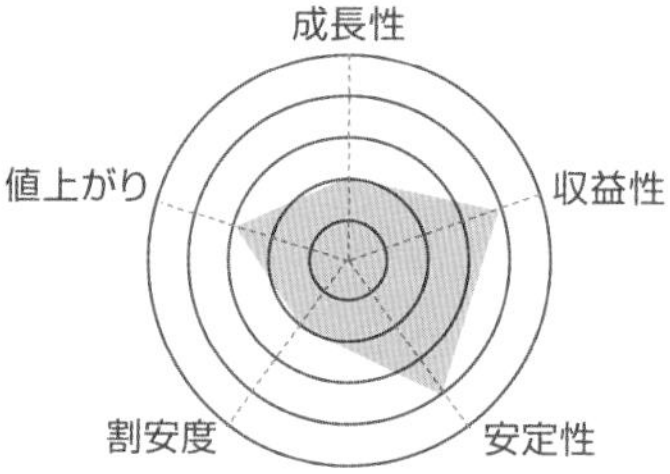

米国の景気に連動。
堅実な安定成長銘柄

時価総額	143,049,294（千ドル）
株価	234.47 ドル

PER	22.39 倍
配当利回り	2.14%

年度	売上高（百万ドル）	営業利益（百万ドル）	EPS（ドル）
2021/12	21,804.00	9,338.00	9.98
2022/12	24,875.00	9,952.00	11.24
2023/12	24,119.00	9,189.00	10.47

UNITED HEALTH GROUP INCORPORATED

NYSE
ニューヨーク証券取引所

ユナイテッドヘルス・グループ（UNH）

米国の医療保険会社です。米国は日本のような国民皆保険制度が存在しないため、民間の医療保険への加入に高いニーズがあります。

米国においても少子高齢化問題は存在します。移民受入により「少子」は対応ができて人口も増えていますが、「高齢化」は着々と進んでいます。彼らに対する保険ビジネスはこれからも増加していきます。米国の医療保険市場の拡大が見込まれるなかでは、ユナイテッドヘルスの売上・利益の増加も強く期待できます。

不安点は、米国でも国民皆保険制度の導入がまれに主張される点です。オバマ大統領時代にはオバマケアという低所得者向けの保険制度が作られましたが、民主党からは国民皆保険制度を主張する大統領候補者が出てくることがあります。逆に共和党は医療保険業界にはポジティブです。

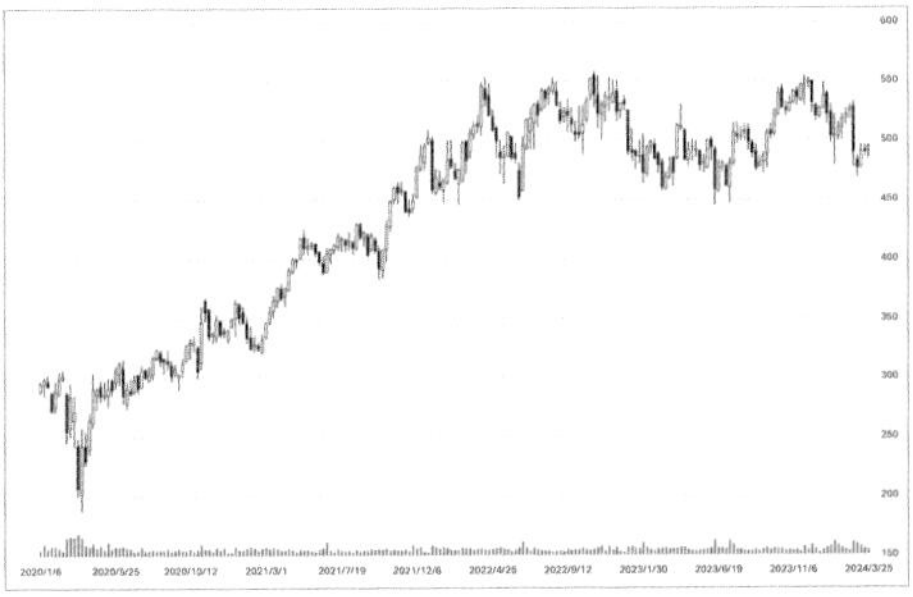

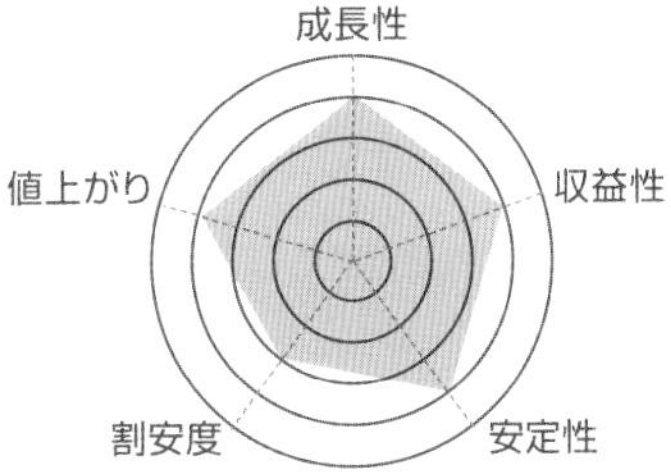

保険ビジネスのニーズ増加。
共和党大統領ならポジティブ

時価総額	452,881,692（千ドル）	PER	20.37倍
株価	491.23ドル	配当利回り	1.65%

年度	売上高（百万ドル）	営業利益（百万ドル）	EPS（ドル）
2021/12	287,597.00	23,970.00	18.33
2022/12	324,162.00	28,435.00	21.47
2023/12	371,622.00	32,358.00	24.12

CISCO SYSTEMS,INC.

NASDAQ
ナスダック証券取引所

シスコ・システムズ（CSCO）

世界最大のネットワーク機器メーカー。私たちの家や会社につながっているネットワークに同社の機器が利用されています。また、最近普及しているインターネット会議をする際に利用されるＷｅｂｅｘを展開しています。

主力商品であるネットワーク機器はさまざまな会社がデータセンターなどを構築する際に多数・高額なものが利用され、売上も大きくなります。近年、テレワークの増加やさまざまなイベントのオンライン化、データ通信の高解像化が進み、データ量が飛躍的に増加しています。これらに対応するために各社はデータセンターやネットワークの強化を進めており、シスコ・システムズの売上につながっています。

この多方面でのオンライン化の流れは今後も止まることはなく、データ通信量はさらに増加していくことが見込まれます。

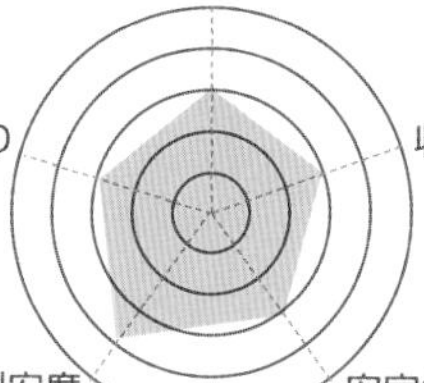

多方面で進むオンライン化で好調持続

時価総額	194,927,866（千ドル）	PER	15.63倍
株価	48.14ドル	配当利回り	3.29%

年度	売上高（百万ドル）	営業利益（百万ドル）	EPS（ドル）
2021/07	49,818.00	12,833.00	2.51
2022/07	51,557.00	13,969.00	2.83
2023/07	56,998.00	15,031.00	3.08

THE COCA-COLA COMPANY

NYSE
ニューヨーク証券取引所

コカ・コーラ (KO)

世界最大の飲料メーカーで、会社名を聞くだけで誰もが商品を想像できる圧倒的なブランド力を保有しています。バークシャー・ハサウェイが筆頭株主であることでも知られています。

バフェットは企業の価値、ほかの会社が太刀打ちできない力を「経済的な堀（エコノミック・モート）」と表現しますが、同社はまさにこの力が極めて強い企業です。私たちが「コーラ」と聞くとすぐにコカ・コーラを連想するように、業界第2位のペプシに大きく水をあけています。

また、日本で展開した「檸檬堂」ブランドを皮切りに、世界でアルコール飲料の展開を始めています。これも世界のほぼ全地域で売上が増加しています。

このような圧倒的なブランド力を持つ企業が存在していることが、米国株の大きな強みです。

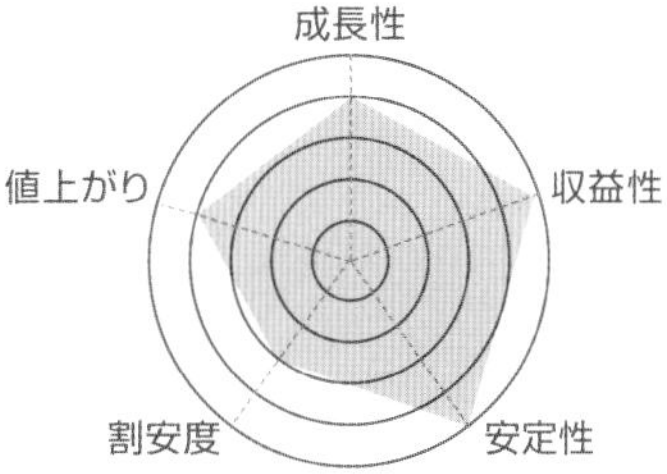

地球規模での圧倒的ブランド力

時価総額	261,042,594（千ドル）	PER	24.42倍
株価	60.55ドル	配当利回り	3.26%

年度	売上高（百万ドル）	営業利益（百万ドル）	EPS（ドル）
2021/12	38,655.00	10,308.00	2.26
2022/12	43,004.00	10,909.00	2.20
2023/12	45,754.00	11,311.00	2.48

ELECTRONIC ARTS INC.

NASDAQ
ナスダック証券取引所

エレクトロニック・アーツ （EA）

エレクトロニック・アーツは米国のゲーム会社です。バトルフィールドやＡＰＥＸなどのシューティングゲーム、ＦＩＦＡシリーズなどのスポーツゲームを中心にさまざまなゲームを展開しています。

ゲームは極めて収益率の高いビジネスです。日本のソニーグループが家電メーカーからゲームや映画などのエンターテインメント分野の会社に変化したように、ビジネス的にもまた株式投資の対象としても極めて魅力的な業界になります。

エレクトロニック・アーツのゲームは、それ自体や提携先などの知名度が極めて高く、強固な顧客・ファン基盤があります。

これまでのオフラインで自宅で1人で行う前提のゲームの時代とは異なり、オンラインで世界とつながるゲームを持っているのは売上・利益につながり、今後も成長が期待できます。

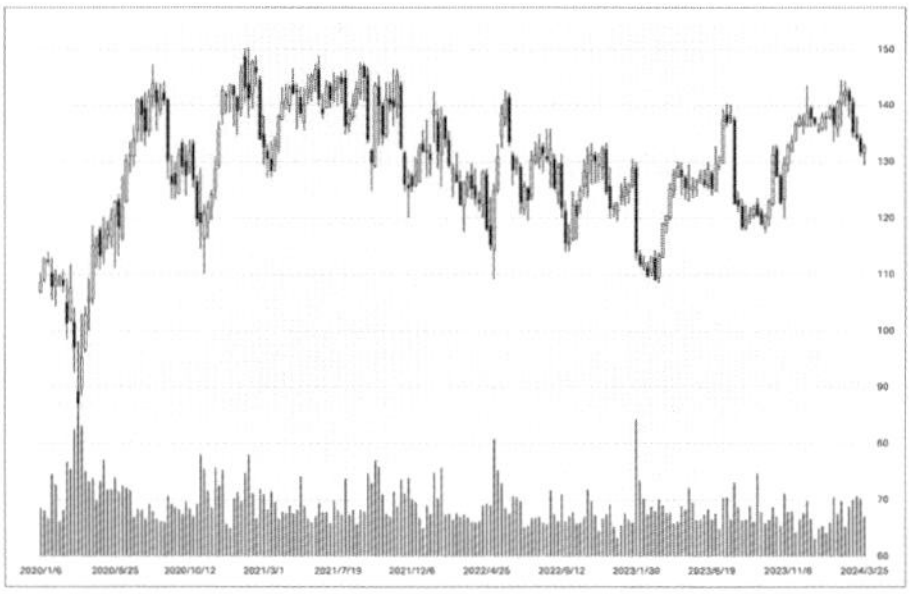

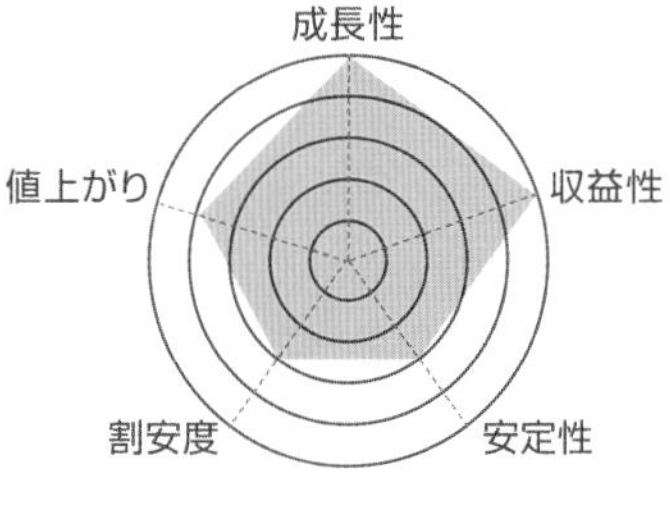

収益性が極めて高く、強固なファンにも支えられている

時価総額	33,985,591（千ドル）	PER	43.83倍
株価	127.12ドル	配当利回り	0.58%

年度	売上高（百万ドル）	営業利益（百万ドル）	EPS（ドル）
2021/03	5,629.00	1,046.00	2.90
2022/03	6,991.00	1,129.00	2.78
2023/03	7,426.00	1,332.00	2.90

CITIGROUP INC.

NYSE
ニューヨーク証券取引所

シティグループ（C）

かつては世界最大級であった国際的な金融機関であり、日本においてもシティバンク銀行や消費者金融、ダイナースクラブカードの日本展開、日興コーディアル証券（現ＳＭＢＣ日興証券）も傘下とするなどの大きな銀行でしたが、リーマンショックが直撃し、日本からは事実上撤退しました。２０２４年現在においても、当時の影響は残り、株価も苦戦が続いています。

ただ、さまざまな事業再編を行って、売上や利益の基盤も徐々に強固になりつつあります。多くの機関投資家やレポートでは「株価が上がるのはまだまだ厳しく不透明だ」とはしていますが、徐々に再評価すべきだと言う人たちも出てきています。

ビジネス自体は堅調なことも考えると、将来の飛躍のために保有してみるのも面白いかもしれません。

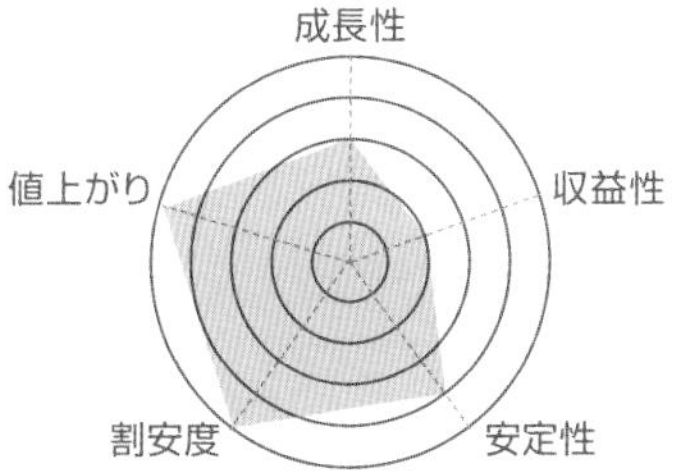

事業再編により近年再評価

時価総額	116,256,030（千ドル）	PER	11.27 倍
株価	60.95 ドル	配当利回り	3.44%

年度	売上高（百万ドル）	営業利益（百万ドル）	EPS（ドル）
2021/12	71,884.00	22,018.00	10.21
2022/12	75,338.00	15,165.00	7.16
2023/12	78,462.00	9,382.00	4.07

GENERAL DYNAMICS CORPORATION

NYSE
ニューヨーク証券取引所

ゼネラル・ダイナミクス (GD)

ゼネラル・ダイナミクスは俗にいう軍事産業です。主な製品としては、バージニア級原子力潜水艦やM1エイブラムス戦車。さらにはガトリング砲、過去にはF16などの戦闘機も製造していました。

軍事産業は一時期評判が悪く、ESGやSDGsの観点から「投資すべきではない業界・会社」とまで言われていました。しかしロシアによるウクライナへの侵攻によって「自由や平和を守るためには軍事産業は必要。投資し成長を後押しすべきだ」と言われだしました。もちろん、軍事産業への投資はいまだ賛否が分かれますが、軍事産業が現在、さまざまな紛争により高成長銘柄になっていることは事実です。

軍事産業への投資が平和の役に立つのか、争いを後押しすることになるのか、ゼネラル・ダイナミクスへの投資を通じて考えるきっかけにもなりそうです。

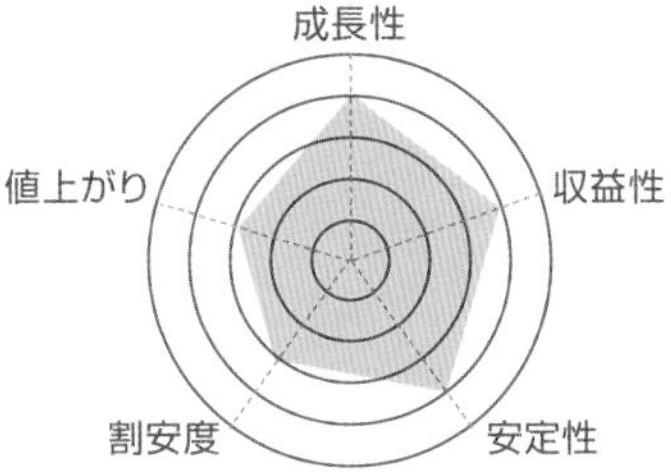

世界的な安全保障懸念により、
再評価の機運高まる高成長銘柄

時価総額	79,926,187 (千ドル)	PER	24 倍
株価	291.31 ドル	配当利回り	1.92%

年度	売上高 (百万ドル)	営業利益 (百万ドル)	EPS (ドル)
2021/12	38,469.00	4,163.00	11.61
2022/12	39,407.00	4,211.00	12.31
2023/12	42,272.00	4,245.00	12.14

KURA SUSHI USA,INC.

NASDAQ
ナスダック証券取引所

くら寿司 USA （KRUS）

くら寿司ＵＳＡは日本の「くら寿司」の米国会社です。メニューは基本的には日本と同じものが提供されていますが、一部カリフォルニアロールや海苔の代わりに大豆ペーパーを使った手巻きずしなどが提供されています。

　カリフォルニア州とアラスカ州を基本として戦略的な店舗展開を行っており、売上も右肩上がり。直近では黒字化も達成しています。取引量も少ないため、株価が大きく上下をする銘柄にはなりますが、すでに激戦で株価も横ばいになっている日本のくら寿司よりも、今急成長しているくら寿司ＵＳＡの方が投資先としては面白いかもしれません。

　米国市場はこのような日本企業と関係がある会社や日本企業自身も上場している場合があります。ぜひこのような企業・銘柄を探してみてください。

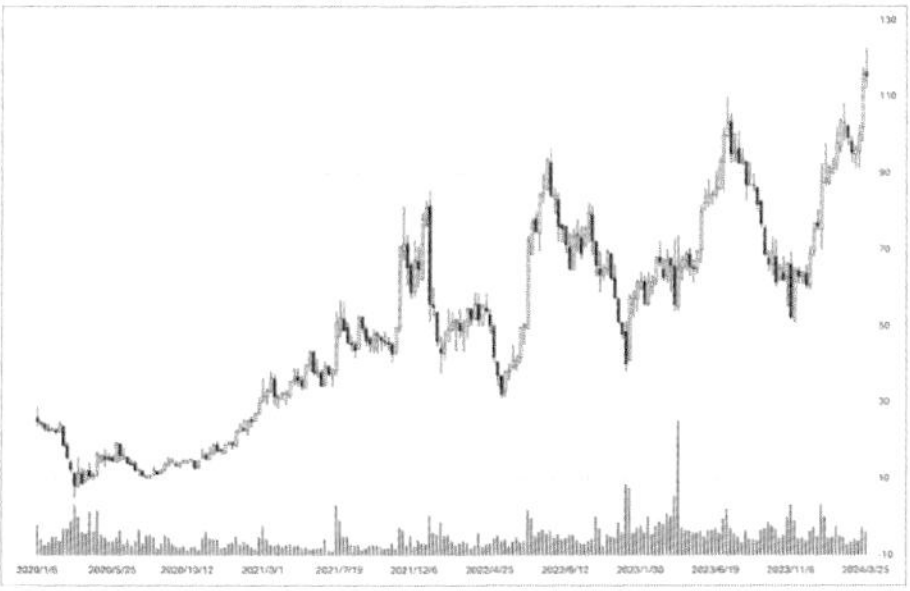

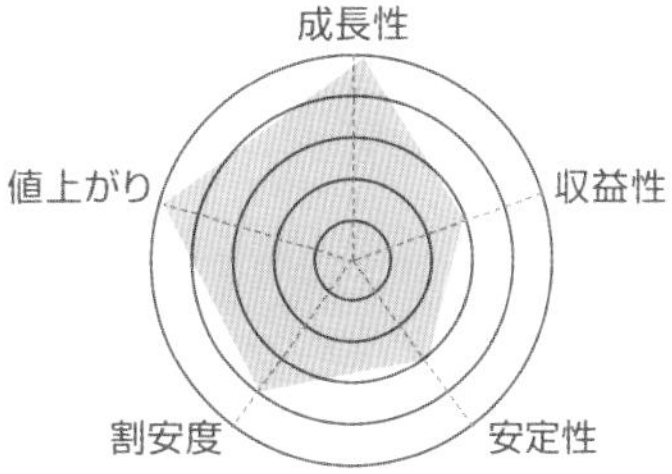

株価の上下動は大きいものの
成長余地大！

時価総額	1,124,145（千ドル）	PER	732.53倍
株価	109.88ドル	配当利回り	―

年度	売上高（百万ドル）	営業利益（百万ドル）	EPS（ドル）
2021/08	64.89	-9.99	-1.21
2022/08	141.09	-0.75	-0.08
2023/08	187.43	0.33	0.15

To start U.S.stocks investment with NISA

COLUMN 5

長年、高配当を続けている配当貴族銘柄

米国株のなかには、長期間にわたり、毎年配当を増加させている企業が複数あります。例えば、コカ・コーラやジョンソン・エンド・ジョンソンなどは60年も連続増配を行っています。まさしくこれらの株を持っているだけで「配当」により「貴族」になれるという夢のような銘柄です。

これらの銘柄の魅力は、長年増配をしていることからもわかるように、強固な世界的なビジネスモデルと顧客基盤、財務基盤と経営能力、そして圧倒的な知名度を保有していることが挙げられます。

通常は配当を出さずに自社内で設備投資などに回した方が会社は成長しやすくなるはずです。最近のハイテク・ＩＴベンチャーはこのスタイルです。しかし、実際にはＳ＆Ｐに上場している全企業と「配当貴族銘柄」を比べると、圧倒的に配当貴族銘柄の方が株価の成長率が高くなっています。またリーマンショックのような下落時も下落幅が少なく、すぐに回復しています。

Ｓ＆Ｐ５００配当貴族指数と呼ばれる、Ｓ＆Ｐ５００の構成銘柄のうち25年間連続増配している優良大型株のみを集めた指数があり、これを参照している投資信託も存在しています。配当貴族銘柄＝実績と実力がある銘柄と言えます。

PART 5

新NISA
成功のための
「負けない」投資術

SECTION I

「負けをコントロールすること」がNISA成功の秘訣！

NISAでは損益通算不可

NISAの**数少ないデメリットが「ほかの投資と損益通算ができない」という点**です。一般の投資において損益通算は、損をしたときに、そのダメージを最小限に抑える措置という見方もできます。

例えば、NISA以外の口座で売買したA銘柄で100万円の利益を出した年に、B銘柄で50万円の損失を出した場合、その**利益と損失を相殺できます**。それによって課税される金額は100－50＝50万円となり、**節税効果が生まれます**。仮に損失が110万円だったとすると、利益と損失の相殺によってマイナス10万円となり、税金はゼロになります。**当年の損失額が相殺しきれなかった場合は、確定申告により「繰越控除」として最長3年間、繰越すこともできます**。損失は当然、うれしくない事態ではありますが、このように、使いようによっては節税効果を生み出すこともあるわけです。

損失はただの損失 負けないことが重要

しかし、NISAではこのような損益通算はできないため、**「損失はただの損失」**にしかなりません。また、仮にNISA以外の口座で利益が出ていたとしても、その利益とNISAの損失を相殺することができません。ですから、NISAでは「負け（損失）」は一般の投資以上に「なんとしても避けたいもの」です。

ただし、投資で連戦連勝はほぼ不可能です。だから**NISAで成功するには極力、大きな負けを回避することが重要になります**。

そのためには、リスクとリターンについて正しく理解し、コントロールすることが重要です。

NISAでは「損失はただの損失」

● NISAでできない損益通算とは？

NISA口座ではない一般の口座の場合

A銘柄　B銘柄

利益　100万円

損失　-50万円

利益と損失が相殺されて
課税対象が
100万円→50万円に

節税効果

A銘柄　B銘柄

利益　100万円

損失　-110万円

利益と損失が相殺されて
課税対象が
100万円→－10万円に

節税効果

当年の損失が相殺しきれない場合は「繰越控除」として
最長3年間、繰越すこともできる

しかしNISAでは損益通算できない

損失はただの損失

↓

損失は何としてでも避けたい！

SECTION 2

リスクとリターン 本当の意味を理解する

リスクとリターンの本当の意味

多くの人はリスク＝損失、リターン＝利益と認識していると思いますが、それは正確ではありません。

リスクとは「変動幅」のことで、リターンとは「変動幅のなかで実現した利益、もしくは損失」のことなのです。ですから、リターンにはプラスのリターン（利益）もマイナスのリターン（損失）もあります。

そして、そのリターンの平均をとったものを「平均リターン」と言います。

ローリスクでハイリターンはない

よく「大きなリターンを得るためには多くのリスクを取らなくてはいけない」と言われます、これは、正確には「**変動幅であるリスクが大きくないと、リターン（利益もしくは損失）も大きくならない**」という意味です。

ハイリスクなのにローリターン（利益や損失が少ない）だった、という場合もあり得ますが、その逆はありません。ローリスク（変動幅が小さい）のときはローリターン（利益や損失が少ない）にしかなりません。**リスクの幅を超えてハイリターンになることはあり得ない**のです。

例えば平均リターンが0%、リスク±5%と、平均リターンが5%、リスク±5%を比較してみましょう。どちらも変動幅であるリスクは同じ±5%ですが、**リターンについては前者がマイナス5～5%、後者が0～10%と差がついてしまいます。**

同じリスクを取っているのに、1つはうまくいっても5%までの利益しか見込めず、もう1つはうまくいけば10%の利益が見込めるのです。

リスクとリターンを理解する

リスク ≠ 損失　　**リターン ≠ 利益**

● 正しいリスクとリターン

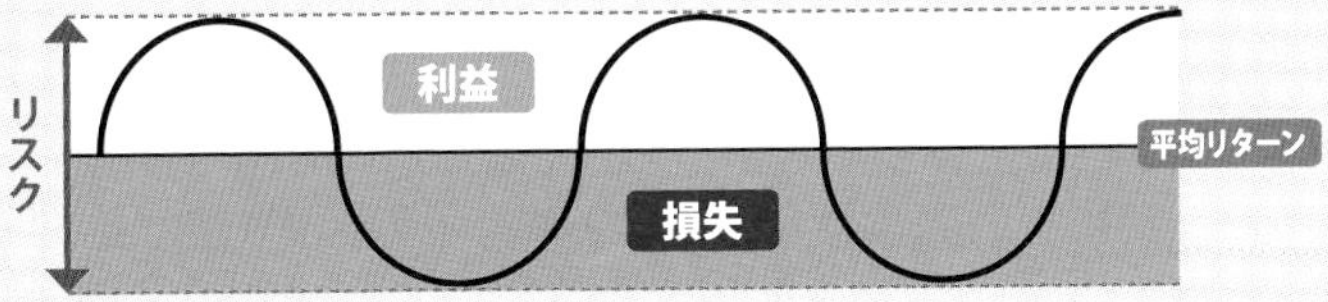

● ハイリスク・ローリターンはあり得る

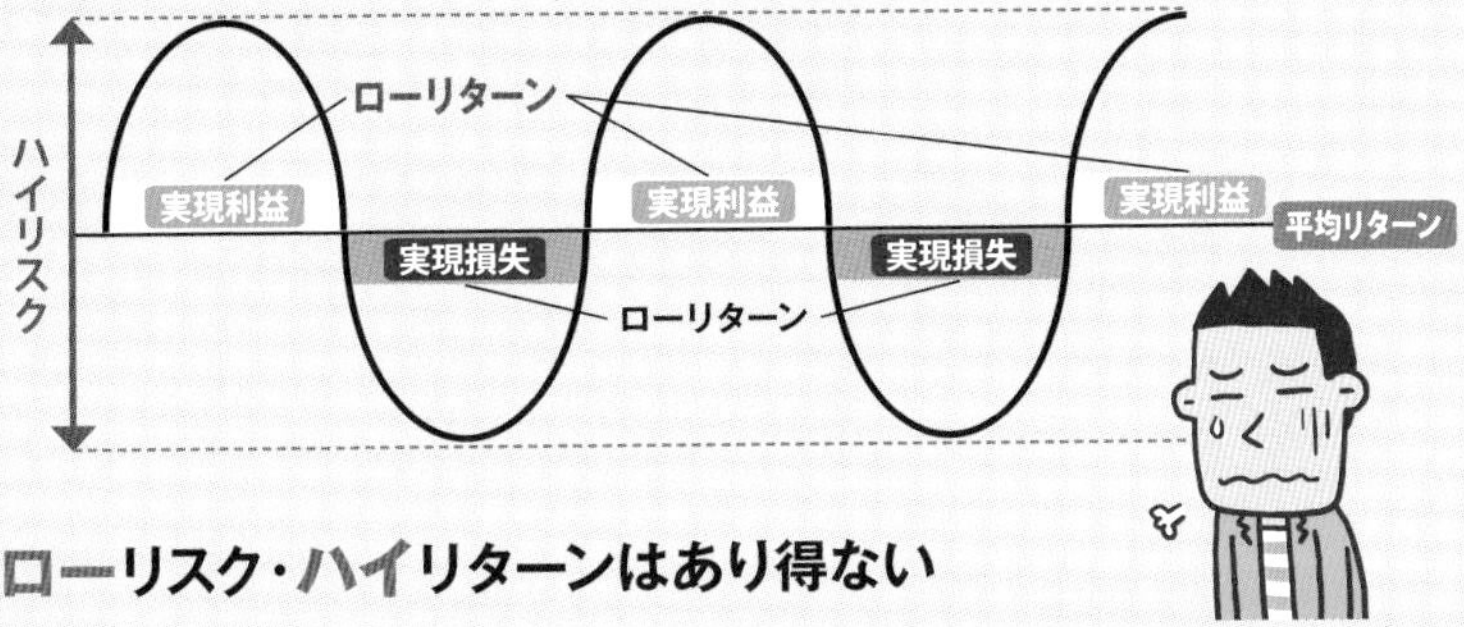

● ローリスク・ハイリターンはあり得ない

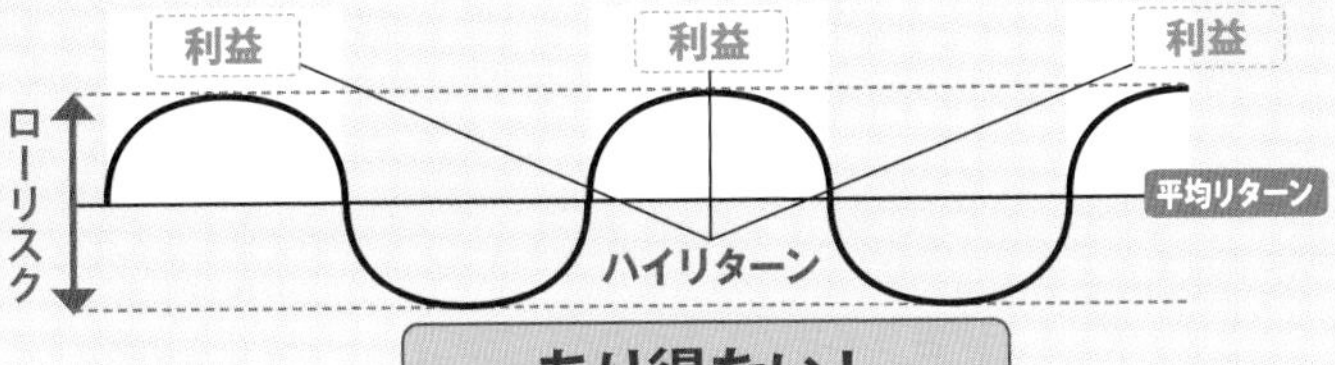

あり得ない！

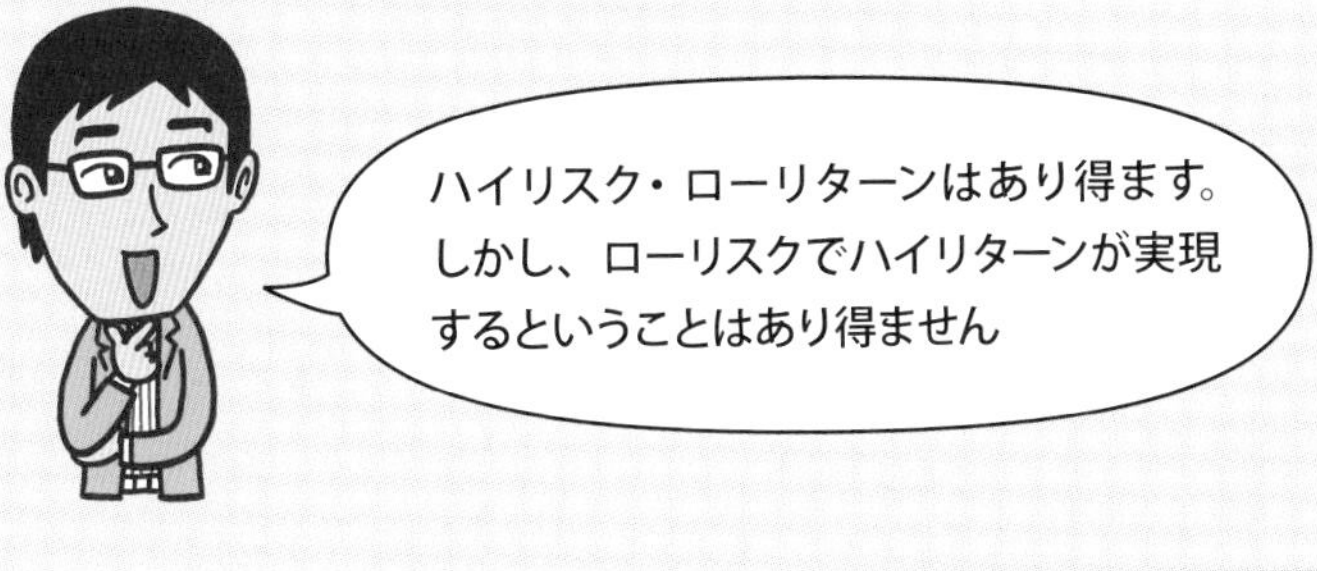

SECTION 3

許容できるリスクと許容できる損失を自覚しておく

投資するときは利益だけを見てしまう

　リスクとリターンについて、具体的な金額に置き換えて考えてみましょう。仮に±30％のリスクの銘柄があったとします。その銘柄に100万円を投資して、**プラス30％の30万円の利益を得て130万円になる可能性と、マイナス30％の30万円の損失となって70万円になってしまう可能性は同じ**です。

　このとき多くの方は、利益の方だけを見ていますが、損失のケースもしっかりと見なくてはいけません。**自分がどこまでの損失を許容できるか自覚する必要がある**のです。

　100万円を投資するときに、自分がマイナス10万円の90万円になることは許せるか、マイナス30万円の70万円になることは許せるか、マイナス50万円の50万円になることは許せるかを考えることが重要です。**これが同時に、自分が得られる利益の水準**にもなります。

　利益に関しては「プラス50％以上の利益は許容できない」なんて人はいないでしょう。利益はいくらでも許容できるから、損失にしっかりと目を向ける必要があるのです。

損失の許容をしっかり実践する

　この許容できる損失については、実践するのもなかなか難しいのです。当初は30万円の損失（マイナス30％）までは仕方がないと思っていた人でも、実際に損失が出てくると**その手前の20万円の損失（マイナス20％）あたりで怖くなって損切り（決済して損失を確定すること）をしてしまう**人が多くいます。

　逆のパターンもあります。**許容できるライン以上に損失が膨らんでしまうと、損切りもできなくなってし**

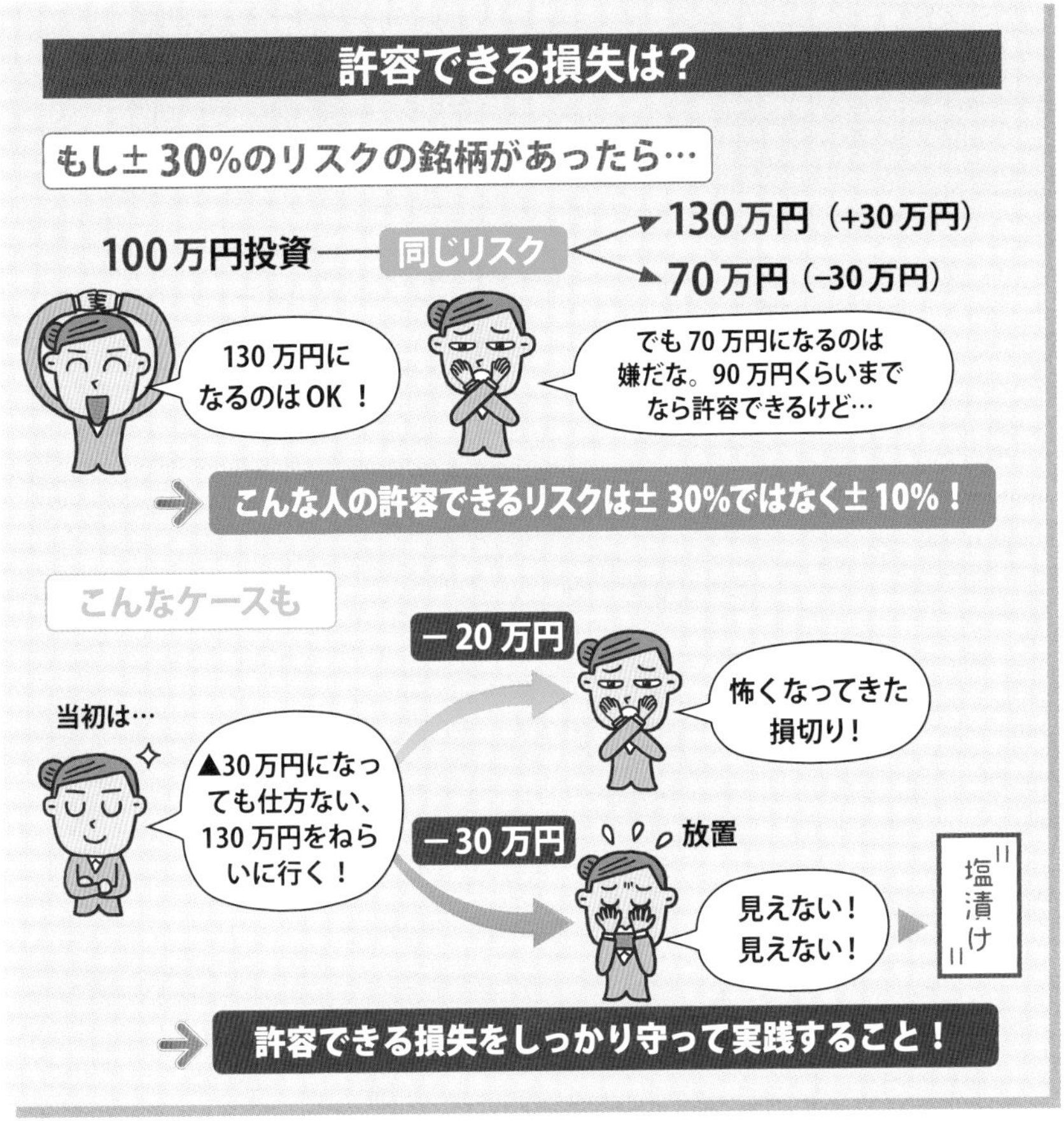

まい、見なかったふりをして放置をするという人もいます。

　投資で連戦連勝はほぼ不可能です。利益が出るときがあれば、損失が出るときもあります。必ずついてくる「負け」をしっかりとコントロールすることが投資成功のポイントです。**許容できる損失をしっかりと守り実践してください**。こうすることで、利益と損失を通算したときの成績がプラスになり、そのプラスの額も大きくなっていくはずです。

　NISAでは通常の特定口座以上に「負けないこと」が重要ですが、常に毎日勝つことはあり得ません。そのうえで、どこまでは自分は負けてよいのかをしっかり認識し、コントロールしていくことが重要です。

SECTION 4

知ってますか？ 許容リスクと時間の関係

長期間になると変動幅が小さくなる

リスクは損失ではなく変動幅であり、そのリスクは投資期間を長期にすることで小さくなっていきます。

例えば**年間では3％±10％だったものが、長期では4％±5％に振れ幅が小さくなったりする**のです。

この理由は、多くの企業（銘柄）は成長していくため、長期的視点で見れば見るほど、その成長分を計算できるからです。

半年や1年などの短期では、直近の業績はもちろん、さまざまな政治的、経済的要因、場合によっては事件や事故によって大きく株価が変化してしまう場合があります。しかし、**長期にはそのような一時的な要因は短期間での上下動として吸収され、会社の本質的な成長度合いが株価に反映されます。**

中長期で見ると着実に成長している

そのため、長期投資の視点からも米国株投資は相性がよいと言えます。チャレンジングな経営で、各種イノベーションを起こしていく米国企業は、一時的には新サービスの失敗や経済状況などで株価が下落する場合があります。しかし、**中長期的に見れば着実に成長していることが多いです。**

個別銘柄はもちろん、株価指数を見てもその特徴が一目瞭然です。例えば80年代後半からの日米の株価指数を比べてください。**日経平均が30年以上かけてやっとバブル時代の高値を更新した一方で、ダウ平均は一時的な下落を何度か挟みながらも、着実に高値を更新し続けています。**

長期投資でリスクが小さくなる、つまり長期になればなるほど負けないのが米国株投資なのです。

リスクと時間の関係の例

年間では　平均リターン3%、リスク± 10%

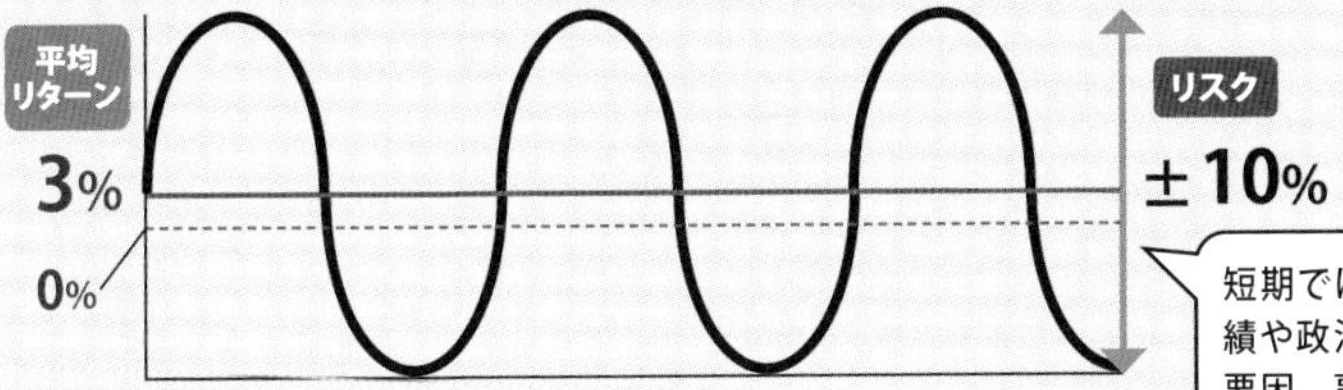

短期では直近の業績や政治的経済的要因、事件や事故によって大きく株価が変化してしまう場合がある

長期では　平均リターン4%、リスク±5%

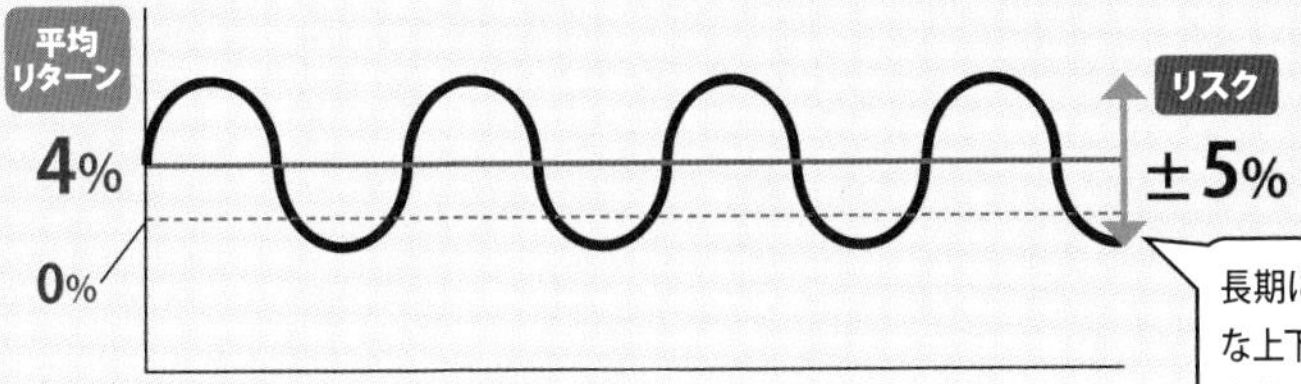

長期になると一時的な上下動は収斂《しゅうれん》し、会社の本質的な価値が株価に反映される

● 長期投資と米国株は相性がよい

米国企業

特 徴

- チャレンジングな経営でイノベーションを起こしていく
- 一時的には株価が下落する場合も中長期的に見れば多くが着実に成長している

長期投資でリスクが小さくなる典型的な例が
米国株投資

SECTION 5

複利運用を武器にする！

複利運用の2つの方法

新NISAのつみたて投資枠での運用では、複利運用の効果が存分に発揮されますが、成長投資枠でも複利運用は可能です。

投資においては複利運用を行うことが非常に重要です。複利運用とは利益を再投資すること。**元手資金から生まれた利益を元手資金に加算して再投資することで、利益をより大きく育てようという考え方**です。

株式投資において、複利を投資に取り入れる方法は2つあります。

1つ目は、配当を再投資していくこと。なお、分配金を再投資できる投資信託はありますが、個別銘柄では自動的に再投資してくれません。配当金を受け取ったら、その配当金で再度株を購入します。

2つ目は会社自体が複利で経営している企業の株を購入すること。会社経営としての複利とは、営業行為から出た利益を研究や開発費にドンドン入れている企業になります。その結果、よい研究や開発ができた場合にはさらに売上が高まり、株価が上がっていくことになります。

2つ目のパターンの企業については会社の成長、株価上昇の可能性は高まりますが、利益を再投資する経営スタイルのため、相対的に配当の利回りは少なくなります。

見方を変えると、こうした会社は**配当の支払いを多少減らしてでも研究開発費に資金を振り分け、業績アップによる株価の上昇で株主に応えようとしている**とも言えるわけです。

マジックナンバーで投資目的を明確に！

複利運用については、**マジックナンバーとも言える「72の法則」**を覚

複利運用するとどうなる？

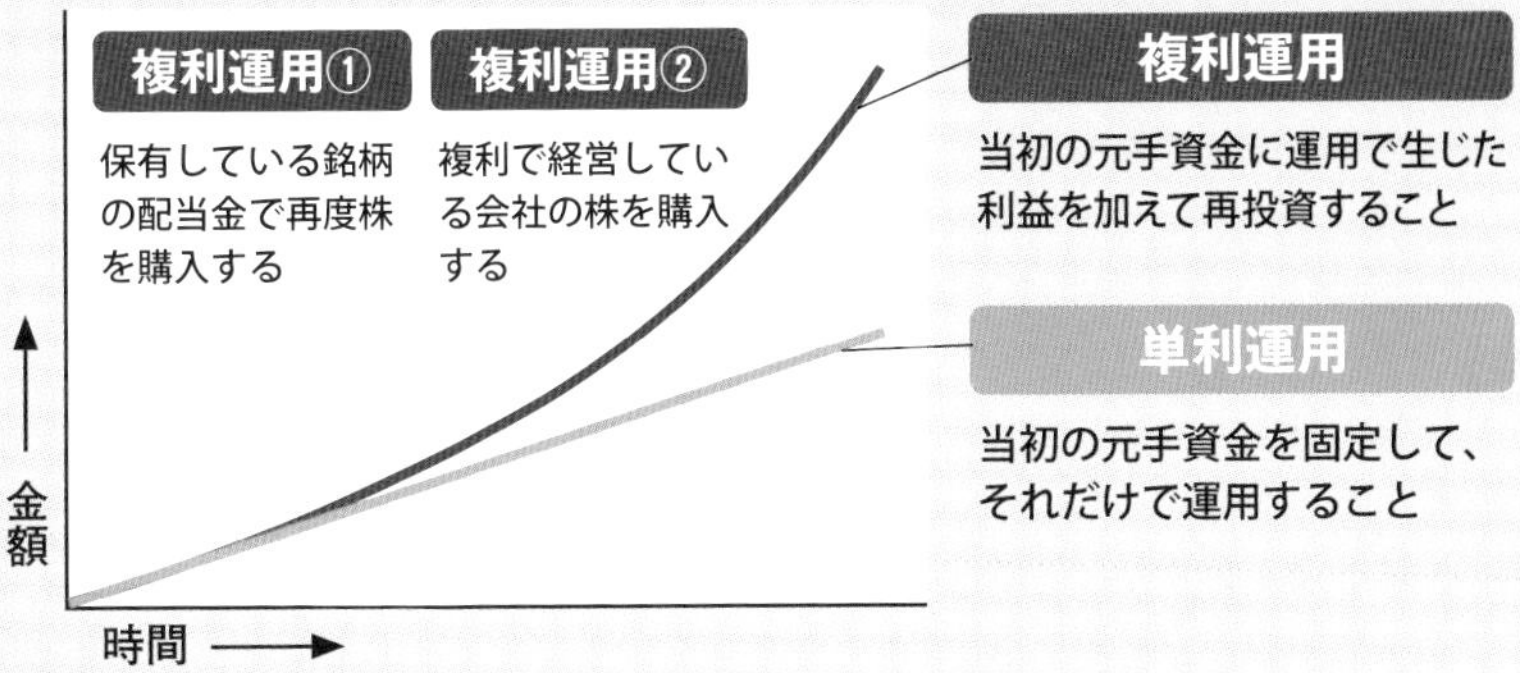

● 72の法則

年利ごとに元手資金が2倍になるまでに必要な期間がわかる

年利3％の場合

72 ÷ ③ ＝ 24 → **24年必要**

10年で2倍にするには？

72 ÷ △ ＝ 10 → 年利 **7.2％が必要**

えておいてください。

これは「年間○％で運用した場合、元手が2倍になるまで何年かかるか」を、72÷○％の計算式で計算すれば答えがわかるというものです。

例えば年間3％で運用した場合、元手が2倍になるには24年かかります（72÷3＝24）。年間8％で運用できるなら、元手はたった9年で2倍になります（72÷8＝9）。

この方程式を少し変えると、「10年で資金を2倍にするためには何％で運用する必要があるか」も72÷△＝10年で計算できます。

こうした計算式を知っておけば、**漠然と資金を増やしたいと思うのではなく、何％で運用すれば目的額にいつ到達するという具体的な考え方ができる**ようになります。

SECTION 6

目的を明確にすれば投資戦略も見えてくる

配当を受け取るか株価急騰をねらうか

米国株投資に限らず、投資および資産運用では、目的設定が重要です。**漠然と「お金を儲けたい」と思っているだけではうまくいきません。**

目的設定といっても、難しく考える必要はありません。最初はシンプルなもので十分です。

例えば、「**株価の安定している銘柄でじっくりと値上がりを待ち、その間に配当金を受ける**」とか、「**損失も覚悟のうえで10倍、100倍といった株価急騰にかける**」というように投資のイメージを明確にしておくのです。

前者がインカムゲインねらい、後者はキャピタルゲインねらいということになります。それによって、「**配当目的だから、一生持つつもりで買おう**」もしくは「**短期で値上がりしたらしっかり売ってしまおう**」**といった出口も見えてくる**のです。

ここまで決められたら、それはもう立派な投資戦略です（ちょっと大げさですが）。

このように投資するときのイメージが明確になればなるほど、成功の確率も高くなるのです。

銘柄選びと利益確定のコツ

インカムゲインねらいでの銘柄選びでは「株を買う」ではなく、「**その会社を買収したいぐらい信用・安心できるか」という視点で考えるのがコツです。**

会社の歩みが投資した資金の成長を左右するわけですから、目先の株価の上下動ではなく、「この先、着実に事業展開して利益を上げてくれるか？」という点に注目するべきです。

キャピタルゲインねらいで、高ボ

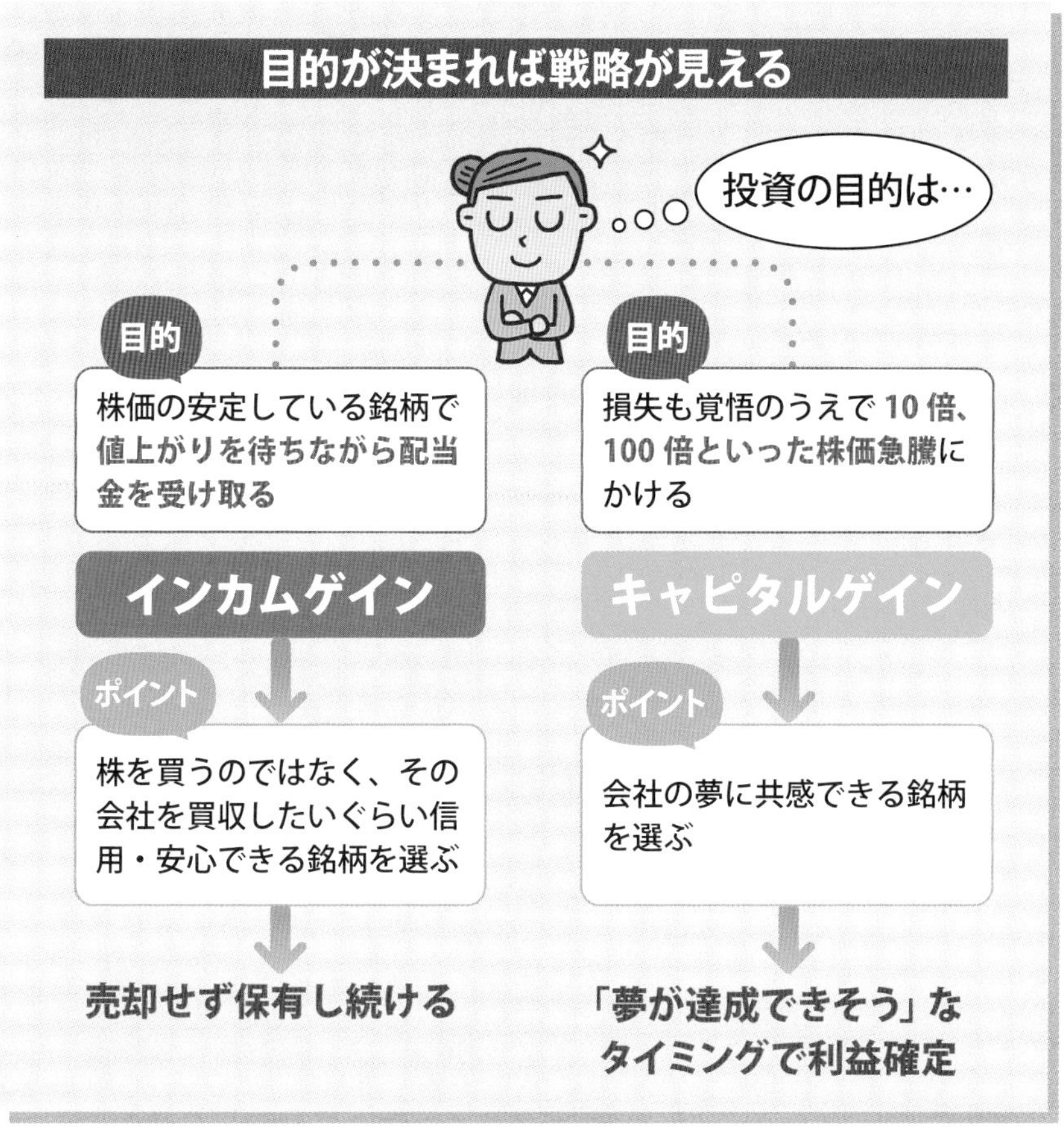

ラティリティ（変動幅の大きい）の急成長銘柄を買うときは、**「その会社の夢に共感できるか」で考えましょう。**共感できない、達成を信じられないようでは、その銘柄の株価が急騰するのも難しいのではないでしょうか。

そして、**利益確定は「夢が達成できそう」なタイミングで行うのが理想です。**株価は達成「できた」ときではなく、達成「できそう！」なときが一番高くなることがあるからです。

夢が叶う（達成できた）ときには、もう夢から覚めている（急騰が終わっている）可能性も高いわけです。

SECTION 7

米国株投資での分散投資の考え方

インカムねらいとキャピタルねらいに

「卵は1つのカゴに盛るな（そのカゴを落としたら全部が割れてしまう）」という投資格言があるように、分散投資は投資の基本中の基本です。**損失が生じたときに、資金をすべて失ってしまわないように、複数の投資先に資金を分散しておく**というものです。米国株投資での分散投資の考え方を説明しましょう。

　米国株投資だからと難しく考える必要はありません。**インカムゲインねらいとキャピタルゲインねらいに分ける、そしてその配分を考えるというのも分散投資です。**

　例えば、インカムゲイン目的の老舗安定株で7割ほどの資産を運用して着実に増やしつつ、残りの3割をキャピタルゲイン目的の成長株で運用し、大きな利益を目指すという分散方法が考えられます。

　または、若い読者の皆様などはある程度の損失を覚悟した分散方法も取り得るでしょう。インカムゲイン目的の安定株で5割運用し、残りの5割を夢に共感できる新興ベンチャー企業に賭け、大きく飛躍するときを待つという形などです。

業界・業種での分散も重要

　さらに、加えて考えておきたいのが**業界・業種の分散です。**

　もし、テスラとエレクトラメカニカ・ビークルズ（カナダの会社ですが、ナスダック証券取引所に上場しています）の2銘柄に投資していたとします。両社はともに電気自動車を主力にする企業です。近年ではテスラはプラットフォームビジネスに注力していますが、万が一、何らかの理由で電気自動車が世界的に否定されたり不調になったりした場合、

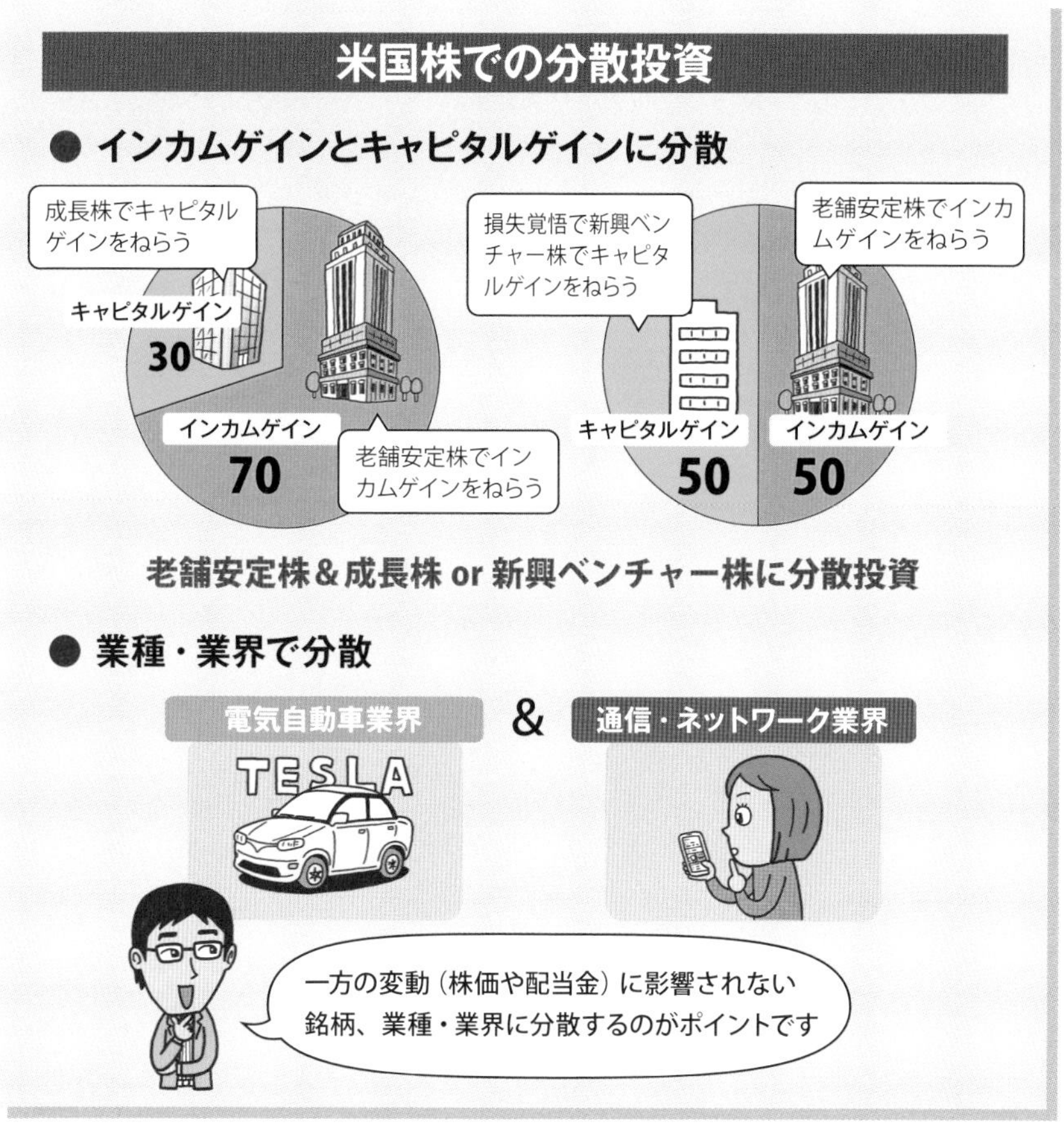

両社の株価はともに下落します。同じ電気自動車業界の銘柄ということで、株価の上昇も下落も一緒に動いてしまう可能性が高くなっています。

こうしたリスクを分散するには、**電気自動車とは株価がシンクロしないであろう業界・業種の銘柄にも投資しておくことです。**

例えば電気自動車業界が不調になったとしても、ＳＮＳは影響が少ないと思われます。そこで通信・ネットワークのメタにも投資しておく。これで電気自動車関連銘柄との分散投資ができあがります。

仮に将来メタが苦境に立たされるときがあっても、テスラやエレクトラメカニカ・ビークルズは悪影響を受けないと思われます。

SECTION

8

新ＮＩＳＡをどう使う？ 世代別ポートフォリオ

年代によって異なる投資スタイル

新ＮＩＳＡでは、つみたて投資枠と成長投資枠を併用できるようになったため、従来よりも多様な投資を行えるようになりました。ここまでで、リスクやリターンは運用期間ともかかわってくると説明しましたが、**当然、年代やライフステージによっても投資スタイルは変わってきます**。

20代と70代という大きく離れた2つの世代を例にとり、それぞれのポートフォリオ例を紹介します。

「増やすため」と「減らさないため」

20代の新ＮＩＳＡの投資戦略は「増やすための投資」となります。

まずは月１万円からでもよいので、つみたて投資枠でＳ＆Ｐ５００などに連動するインデックス投信に投資します。

こうして数年積み立てたのちに、成長投資枠で余裕資金を使って米国個別株に投資しましょう。ねらうは高成長株です。**株価上昇による売却益が期待できる銘柄へと投資し、投資資金を増やしていきましょう。**

70代の新ＮＩＳＡの投資戦略は「減らさないための投資」となります。

まずは、**成長投資枠をフルに使って米国個別株に投資をしていきます**。ここでねらうのは20代のような**高成長株ではなく、高配当株です。**株価が比較的安定していて、高い配当が望める銘柄を探しましょう。

そのうえで、月10万円をつみたて投資枠に入れていきます。新ＮＩＳＡのつみたて投資枠は、長期投資でなくても利用できます。非課税の枠を残さず使い切ることで、利益・手元に残る資金を最大化します。

20代&70代のポートフォリオ例

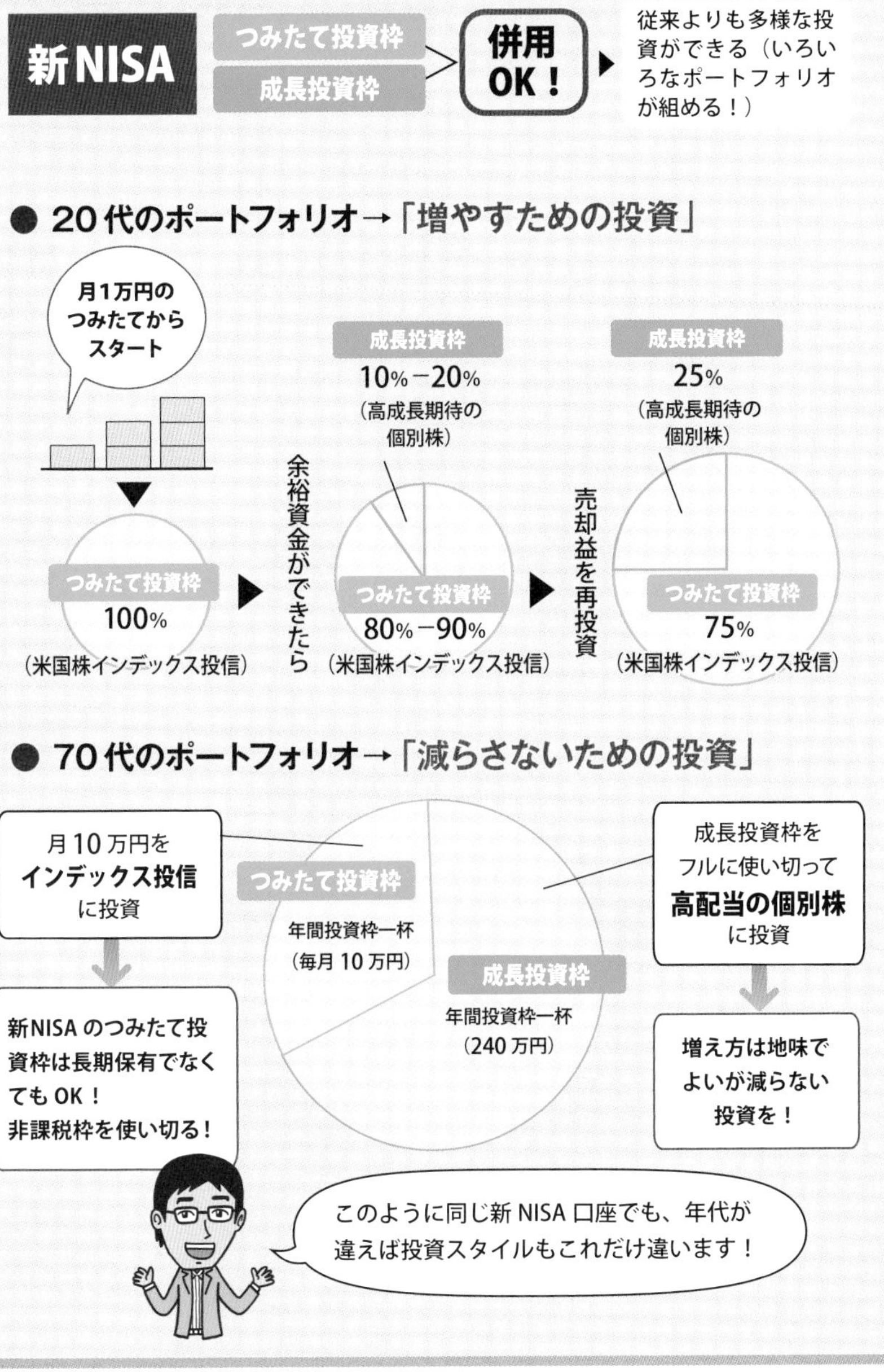

SECTION 9

積み立てでの注意点 ドルコスト平均法の罠？

下げ局面があっても最終的には上がること

新NISAでのつみたて投資枠を含め、積み立て投資に興味のある人は、ぜひドルコスト平均法を理解しておきましょう。

ドルコスト平均法とは、株価や投資信託の基準価額のように価格が常に変動するものを**一度に購入するのではなく、複数回に分けて一定額ずつ購入する**というものです。こうすることで平均購入価格を低く抑えられるようになります。

ただし、これには罠があります。

ドルコスト平均法が機能するには、株価が下がっている局面があったとしても、**最終的には回復して上昇している必要があります**。バブル以降から少し前までの日本株のように長期間右肩下がりだと、この方法では損失が発生してしまいます。

積み立て投資では手数料に注意！

こうしたケースでも複利効果を考えると利益が出ている場合もあります。しかし、複利効果を最大に取るなら積み立てではなく当初に一括購入すべきです。

また、積み立て投資について**毎回売買手数料などがかかる場合があるので、金額によっては手数料が利益を上回ってしまう可能性もあります（つみたて投資枠の場合は手数料無料）**。そのため、ある程度の金額を投資できる場合は、**その資金を分割して積み立てるのではなく、一括で購入してしまった方が中長期的には利益が大きくなることもあります**。

積み立ては一度に大きな資金を用意するのが難しい人が、定期的にコツコツ投資するケースが大半だと思います。こうした人たちには、ドルコスト平均法の罠が発生しにくい

ドルコスト平均法を活用

ドルコスト平均法 ＝ 価格が常に変動するものを複数回に分けて一定額ずつ購入すること

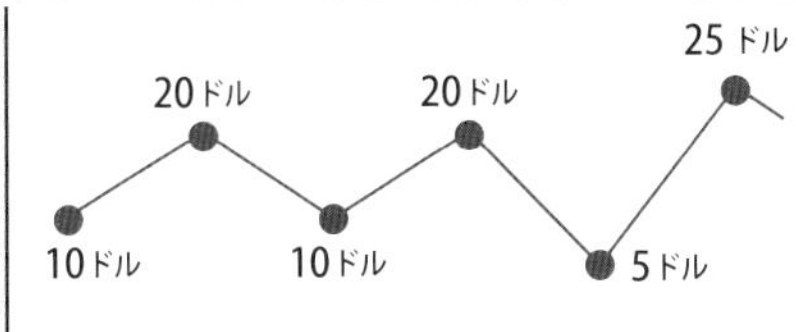

	1月目	2月目	3月目	4月目	5月目	6月目		
毎月一定額（100ドル分）購入株数	10	5	10	5	20	4	合計54株	平均投資価格 11.1ドル

もしも600ドル一括で投資していたら

60株　30株　120株　24株

購入するタイミングでこれだけバラつきが出る

このバラつきをならしてくれるのがドルコスト平均法

メリット

・一度に大きな資金を用意する必要がない
・売買タイミングに頭を悩ませる必要がない
・高値掴みを回避できる

デメリット

・売買回数が多くなるため手数料がかさむ
・短期投資には不向き

用語解説　ドルコスト平均法

米国の「dollar cost averaging method」の直訳。ちなみに英国ではポンドコスト平均法と呼ばれています。定額購入法と呼ばれることもありますが、こちらの方が意味が伝わりやすいかもしれません。定期的に一定額を投資することで、価格変動のリスクを分散しようという投資法です。

「中長期には右肩上がりとなる市場・銘柄」に投資をしていくことが勝利のポイントになります。そうした面でも米国株投資はピッタリです。

SECTION 10

バリュー株投資の注意点 割安か？ いわくつきか？

バリューではなく いわくつき？

バリュー株投資とは、**「バリュー＝価値があるのに安い」銘柄に投資をすること**です。お買い得の割安銘柄を探そう！というわけです。

しかし、実際にバリュー株を見つけるのは容易ではありません。PBR（164ページ）やPER（162ページ）の数値上では、確かに割安になっていたとしても、**たいていの場合は「いわくつき」の銘柄であることが多い**のです。上場企業が「割安になっている」のには何かしらの理由があるわけです。

あえてバリューに 挑戦しなくてよい

バリュー株投資は株価が安くなっているわけですから、一般に少額で購入できます。そのため、単元株制度によって優良銘柄を購入するには大きな資金が必要な日本株投資では、**元手が少ない投資初心者がチャレンジしているケースが多い**のですが、実際にはなかなかの難易度です。

米国株には単元株制度はないので、優良銘柄であっても日本株の場合よりも少額で投資できます。ですから**投資初心者の方が「株価が安いから」という理由でバリュー株投資にあえて挑戦する必要もない**かと思います。

割安で放置されているということは、いつかは適正価格に上がる可能性があるということですが、それはいつになるかはなかなかわかりません。もしかしたら明日かもしれないし、数年後かもしれません。

NISAではキャピタルゲインに税金がかからないことが魅力なので、**わざわざ「いわくつき」の銘柄に投資するのではなく、成長が期待できる銘柄に投資しましょう。**

米国株は優良銘柄でも少額で投資できる

NYダウ構成銘柄でもこんなに手軽に投資できる

ティッカーシンボル	銘柄名	株価（ドル）	日本円換算（1ドル150円）
AAPL	アップル	165.84	**2万4,876円**
AMGN	アムジェン	271.91	**4万0,787円**
AXP	アメリカン・エキスプレス	233	**3万4,950円**
BA	ボーイング	170.48	**2万5,572円**
CAT	キャタピラー	357.61	**5万3,642円**
CRM	セールスフォース	273.81	**4万1,072円**
CSCO	シスコ・システムズ	48.14	**7,221円**
CVX	シェブロン	161.92	**2万4,288円**
DIS	ウォルト・ディズニー	111.99	**1万6,799円**
DOW	ダウ・インク	56.99	**8,549円**
GS	ゴールドマン・サックス・グループ	417.35	**6万2,603円**
HD	ホーム・デポ	336.11	**5万0,417円**
HON	ハネウェル・インターナショナル	195.58	**2万9,337円**
IBM	ＩＢＭ	193.06	**2万8,959円**
INTC	インテル	34.41	**5,162円**
JNJ	ジョンソン・エンド・ジョンソン	149.12	**2万2,368円**
JPM	ＪＰモルガン・チェース	189.41	**2万8,412円**
KO	コカ・コーラ	60.55	**9,083円**
MCD	マクドナルド	275.58	**4万1,337円**
MMM	スリーエム	92.62	**1万3,893円**
MRK	メルク	126.94	**1万9,041円**
MSFT	マイクロソフト	400.96	**6万0,144円**
NKE	ナイキ	94.19	**1万4,129円**
PG	プロクター・アンド・ギャンブル	160.54	**2万4,081円**
TRV	トラベラーズ	214.27	**3万2,141円**
UNH	ユナイテッドヘルス・グループ	491.23	**7万3,685円**
V	ビザ	272.33	**4万0,850円**
VZ	ベライゾン・コミュニケーションズ	38.6	**5,790円**
WBA	ウォルグリーン・ブーツ・アライアンス	18.22	**2,733円**
WMT	ウォルマート	60.14	**9,021円**

（2024年4月23日時点）

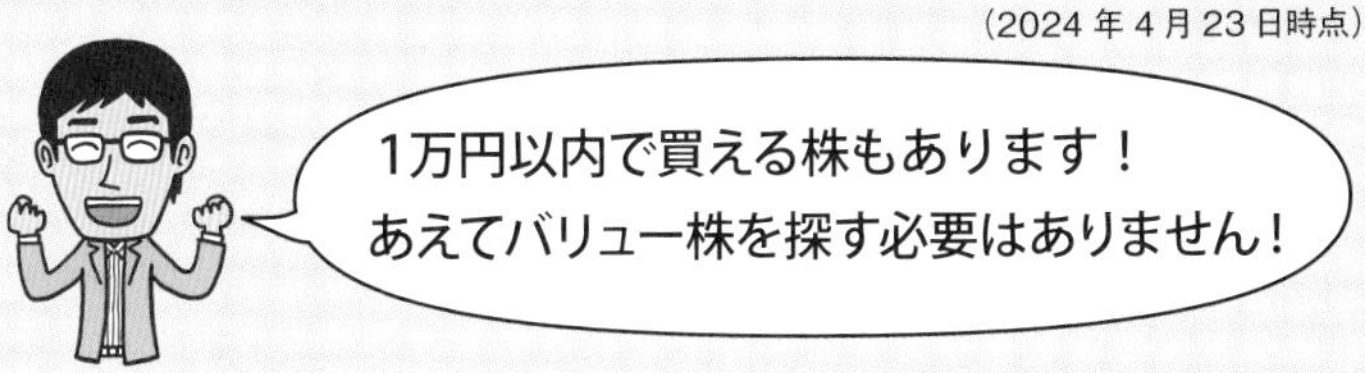

SECTION 11

グロース株投資の注意点 プロの目線を利用する

株価上昇率が非常に高いのが特徴

グロース株投資とは、「**グロース＝今後成長しそう」な銘柄に投資するというもの**です。ベンチャー企業をターゲットにした投資といってもよいでしょう。

なかには一度も黒字になったことがない企業も存在しますが、「これから大きく成長していきそう」というイメージで株価が上昇します。

グロース株投資の特徴は、株価の上昇率が非常に高いことです。**株価が数倍どころか10倍、100倍になることも珍しくありません**。これがグロース株投資の面白さ。GAFAなどはかつてのグロース株です。

有望なベンチャーか？ ただの中小企業か？

一方で、どうしても「期待先行」になってしまうので、実際の会社の能力と乖離して成長してしまった結果、最後は破綻してしまう企業も存在します。

急成長に会社としての実力が追いついていくのか、といった部分の判断もグロース株投資では重要になります。

グロース株については「**将来有望なベンチャー」なのか「ただの中小企業」なのかの見極めが重要**です。

実際のところ、日本にいてこうした情報を入手して個別の銘柄を探し当てることは相当に困難です。多くの場合、一般の投資家が知るころにはグロース株は十分に株価が上昇していて「グロース株でなくなっている」ことが多いからです。

この分野については個別銘柄をねらうのではなく、まさに**プロの目線をうまく利用して、グロース株をテーマにした投資信託に投資するなどの方法がよい**と思います。

グロース株は面白いけど難しい！

かつてのグロース株、今や「世界的企業」のGAFA

G → ●グーグル（現アルファベット）

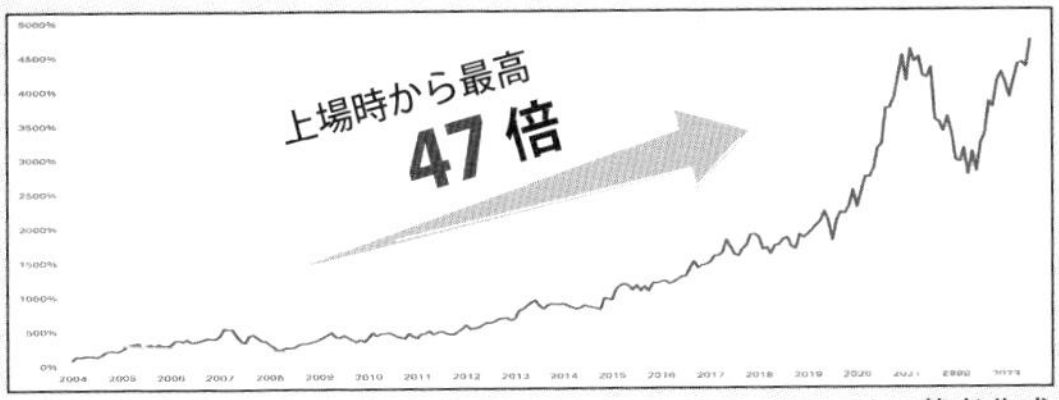

チャート：著者作成

A → ●アップル

チャート：著者作成

F → ● 旧フェイスブック（メタ）

チャート：著者作成

A → ●アマゾン

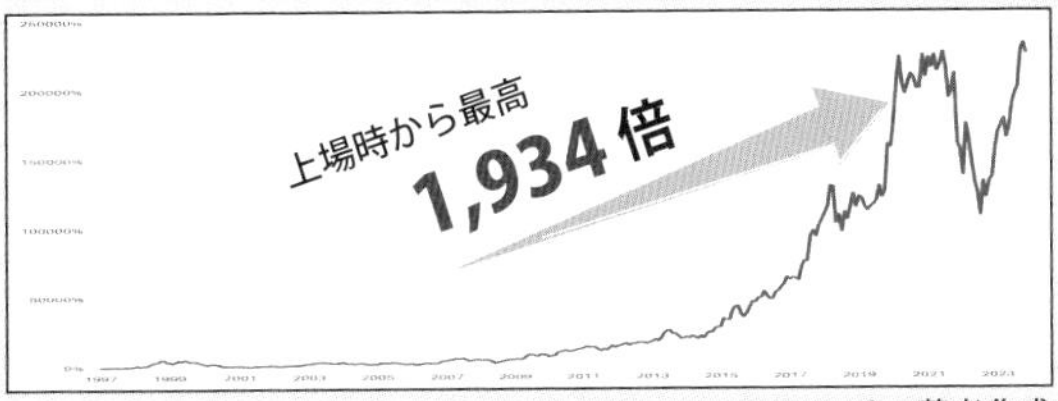

チャート：著者作成

しかし！
将来有望なベンチャーなのか**ただの中小企業**なのかを見極めるのは難しい

↓

プロの手腕に期待して投資信託を利用するのもよい

SECTION 12

為替リスクをどこまで考慮するか？

ドルで稼いでも円にするときに損失？

日本人が米国株に投資をするということは、当然**その利益がドル円の為替変動の影響を受ける**ことになります。

投資資金である**ドルを日本円にするタイミングでドル高・円安になっていれば株式投資での利益に加えて、為替差益も加算されます**。ところが、**逆にドル安・円高になっていれば、せっかくの株式投資での利益が為替差損によって減少してしまいます**。

現状の日米の関係から今後中長期の為替相場は、もうしばらくは円安方向に進むと著者は思っていますが、その方向性も絶対ではありません。

なお、円高局面はドルで築いた利益を円にするタイミングとしてはよくありませんが、一方で投資スタートとしてはチャンスでもあります。円高の時期に日本円をドルに替えられるなら、元手資金はそのぶん増えることになるからです。

許容できる円高をシミュレーション

投資金額を想定し、目標とする利益も決められたら、そこを前提に為替変動をシミュレーションしてみるとよいでしょう。**目標利益を上げられたとしても○円の円高になると利益が吹き飛んでしまう。○円までの円高なら許容範囲**というような想定をしておきましょう。

このときに、株式の売買ごとにドルへ両替するのか、手持ち資金をまとめて一括してドルに両替してしまうのかも判断する必要があります。

株の為替差損をＦＸで為替差益に

多額の投資を行う際にはＦＸなど

利益を左右する為替リスクとは？

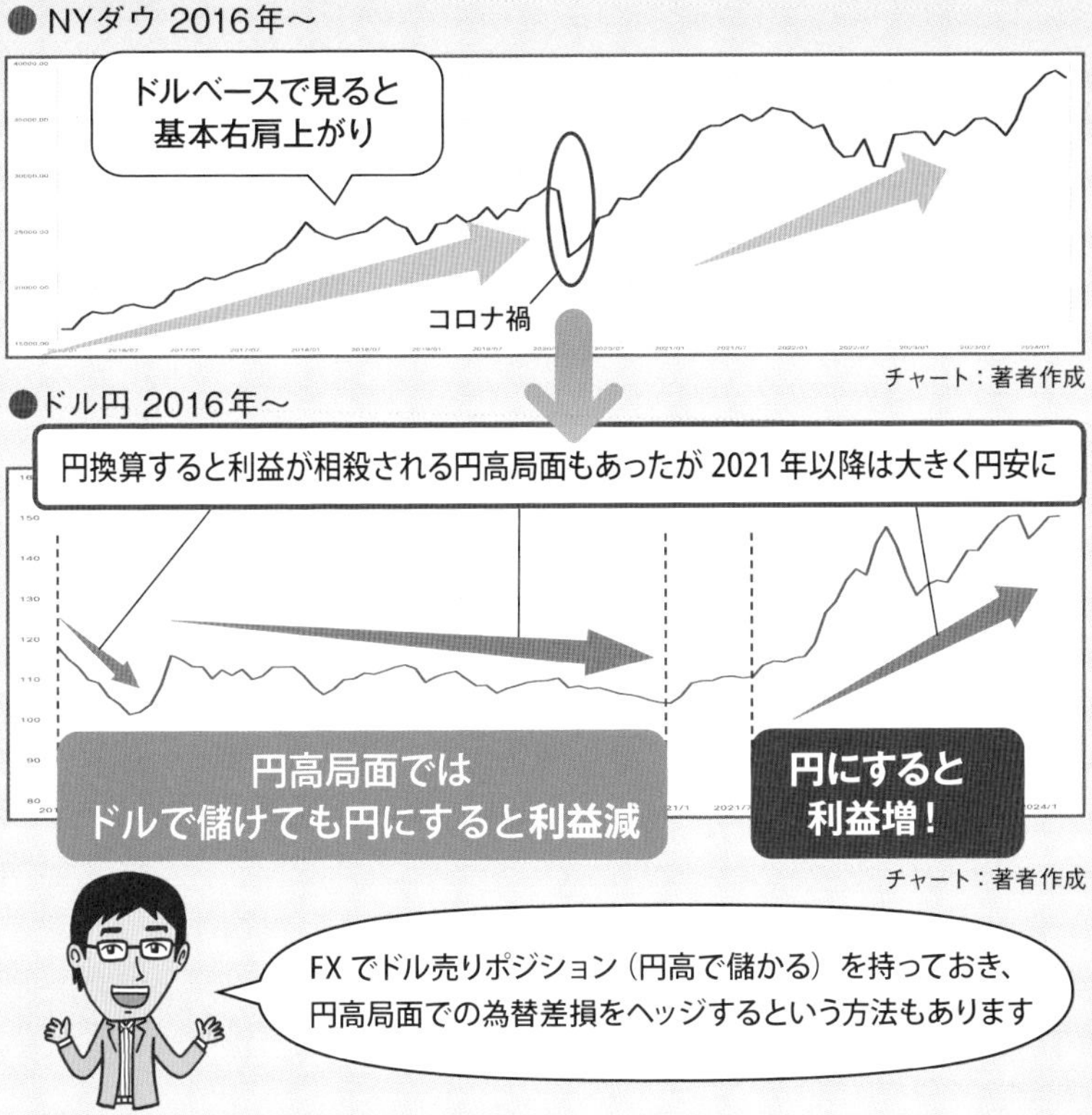

を活用して**円高になったとしても利益が出るポジションを持っておく**などのリスクヘッジをするという方法もあります。

FX投資を行うには、証券会社などに専用の口座を開設する必要がありますが、米国株投資を行っているケースでは手続きなどが比較的簡単なケースも多いようです。

円高局面でドル建ての利益を円に替えたいときは、FXでドルの売りポジションを持つようにします。こうすると、ドルが下がったとき（円が上がったとき）に利益が発生します。**株の利益を円に換算するときに生じる為替差損を、この利益で相殺できるようにすればリスクヘッジができる**というわけです。

SECTION 13

株主でいる限り米国企業には裏切られない？

米国株の株主保護事情

米国では「会社は株主のもの」という考え方です。会社はお客様のものでも、従業員のものでもなく、最優先に考えるべきは株主のことです。ですから、**株主をだますようなことは絶対に許されません**。

日本でも近年は、コーポレートガバナンスコードなどが広がり、企業統治が重要視されてきていますが、まだまだお題目レベルの部分があります。

しかし米国では、2001年のエンロン事件をはじめとした不正会計問題を契機に、**コーポレートガバナンスの改革が一気に進みました**。株主が財務統計などの正しい情報を得ることができる制度が着実に構築されています。

国家より強い企業も株主に逆らえない

今、グローバル大企業が国家よりも力を持ちつつあるとも言われていますが、そんなグローバル大企業も株主には逆らえません。**株主である限り、米国企業に裏切られることは少ないように制度設計されています**ので、安心して投資を行うことができます。

長期で見れば見るほど米国株は右肩上がり

そして、米国企業の多くは株式投資の収益面でも株主を裏切らない結果を示してきました。

利益を配当として還元することはもちろん、株価を上げるということにも常に積極的に取り組んでいます。株価指数のチャートを長期で見れば見るほど、米国株の右肩上がりの傾向はよくわかると思います。

株主の期待にここまで応えようと

株主は守られている?

2001年 **エンロン事件**　大企業による監査法人もグルになった不正会計事件

↓

SOX法成立
（上場企業会計改革及び投資家保護法）……… **目的は「投資家保護」**

重要項目

経営者に対する、年次報告書の開示が適正である旨の宣誓書提出の義務づけ
財務報告に係る内部統制の有効性を評価した内部統制報告書の作成の義務づけ、公認会計士による内部統制監査の義務づけ

●株価の面でも投資家を裏切らない

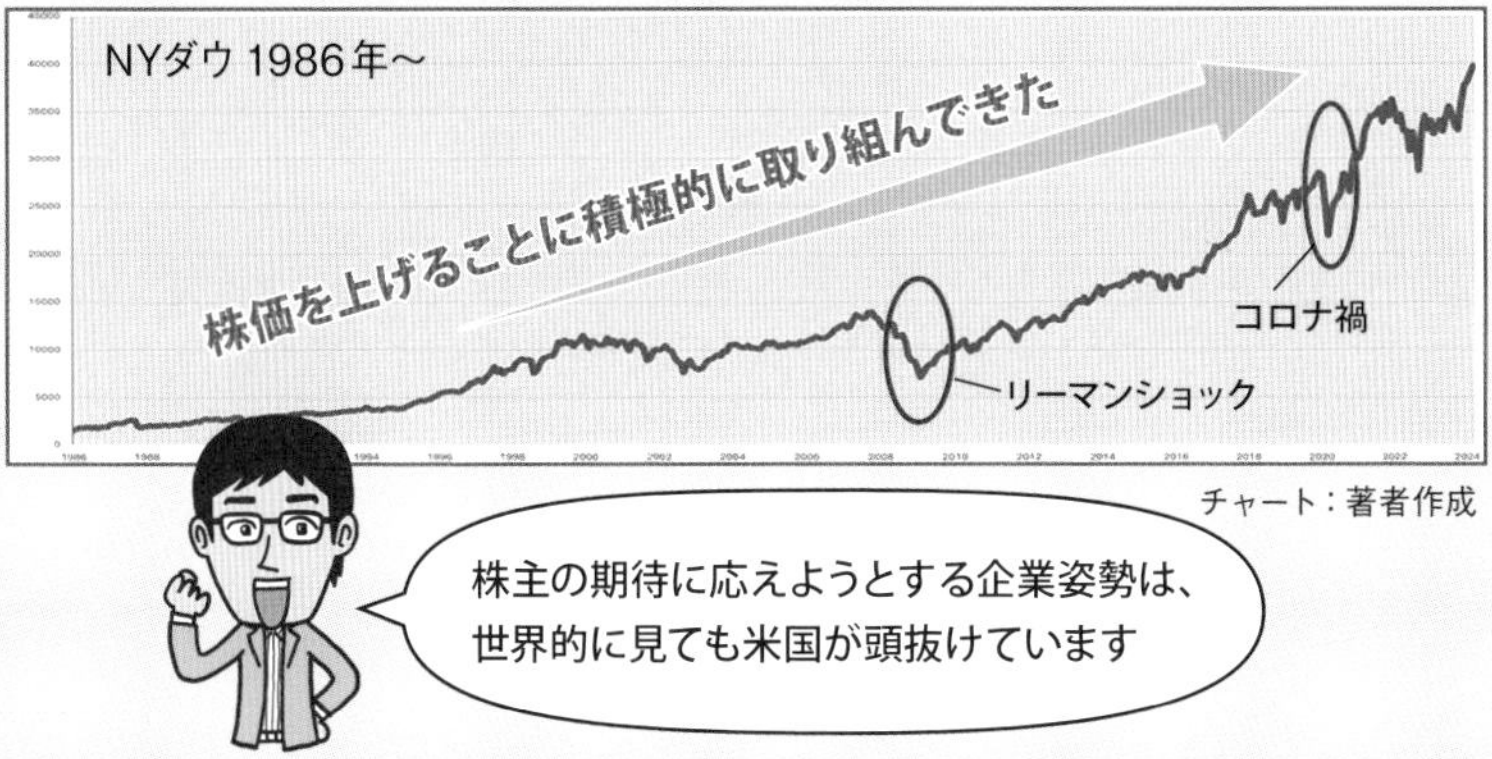

チャート：著者作成

してくれる企業姿勢は、世界的に見ても米国は一つ頭が抜けていると思います。

リスクとリターン、ボラティリティ、為替リスクなどをしっかりと想定しながら米国株投資で存分に利益を増やして欲しいと思います。

用語解説

コーポレートガバナンス

「Corporate Governance」は企業統治と訳されます。「会社は株主のものである」という考えに基づき株主へ最大限の利益の還元をするべく企業経営を行っているか監視をする仕組みです。

To start U.S.stocks
investment with NISA

COLUMN 6

ビットコインETFを米国株で買えるようになる日は？

長らく話題になっていたビットコインのＥＴＦが、米国で２０２４年1月11日に上場し、取引が開始されました。米国のＥＴＦではあるものの、今のところ日本の証券会社では取引できません。それにはいろいろな理由がありそうです。

ビットコインは２０１７年ごろに、日本でも大バブルが発生しましたが、間もなく大暴落してしまい、話題にのぼる機会もなくなっていました。

しかし、２０２１年ごろから急激に回復して、２０２４年３月には１ＢＴＣが１０００万を更新しました。２０１７年当時から見ても3倍近い上昇です。

この急激な上昇は、急激な下落の可能性と表裏一体です。少なくとも新ＮＩＳＡのつみたて投資枠としては考え方との差異が大きく、対象銘柄としては認められそうにありません。成長投資枠としてもハイリスク過ぎるとされそうです。

また、そもそも日本の証券会社がどこも取り扱っていないのは、ビットコイン自体のリスクを証券会社も金融庁も大きいと思っていることが理由だと思われます。

ビットコインＥＴＦを、米国株のＥＴＦとして日本で買えるようになるのは、まだまだ先になりそうです。

PART 6

チャート&銘柄情報の見方・活かし方

SECTION 1

株価チャートを読めるようになる！

見ることが多い株価チャート

米国株に限らず**株式投資でもっとも見ることの多いものが「株価チャート」です**。自分の保有している銘柄、またはねらっている銘柄が「今いくらか？」「これまでいくらだったか？」「これからいくらになりそうか？」といったことが読み取れます。

株価チャートは株価の現在・過去・未来を読み取り、予測できるものといっても過言ではありません。

株式投資を始めるときは、ぜひ、株価チャートの読み方を身につけてください。

株価変動を予測するテクニカル分析

株価チャートを使って株価の変動を予測することを「テクニカル分析」と言います。これと対をなすのが、企業業績や経済情勢から株価を予測する「ファンダメンタルズ分析」です。

ファンダメンタルズ分析のためにはさまざまな情報や資料を収集する必要があります。一方、テクニカル分析はチャートを眺めるだけで株価の動向を予測します。もちろん、それなりの「読み方」を覚える必要はありますが、あまり難しく考えなくて結構です。

単純な話、**株価チャートのグラフが右肩上がり＝「株価が上昇している」。これは「買いか？」と思うだけでもテクニカル分析です**。さらには、株価はいつごろから上がっているのか？とか、前回の上昇は大きいのか？前回の上昇よりも今回の上昇は大きいのか？といったことも株価チャートを眺めると見えてきます。

実際の投資で使えるわかりやすい分析法を説明していきます。

テクニカル分析はチャートを見ながら

テクニカル分析

株価チャートを使って株価の変動を予測すること

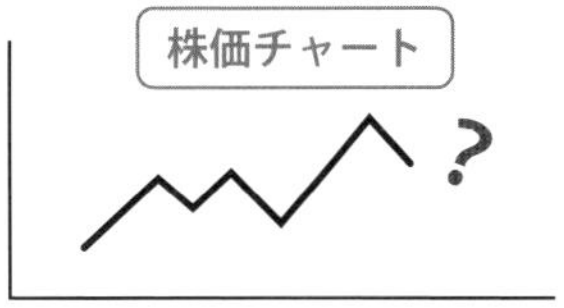

ファンダメンタルズ分析

企業業績や経済情勢から株価を予測すること

● 株価の 現在 過去 未来 を読み取れる！

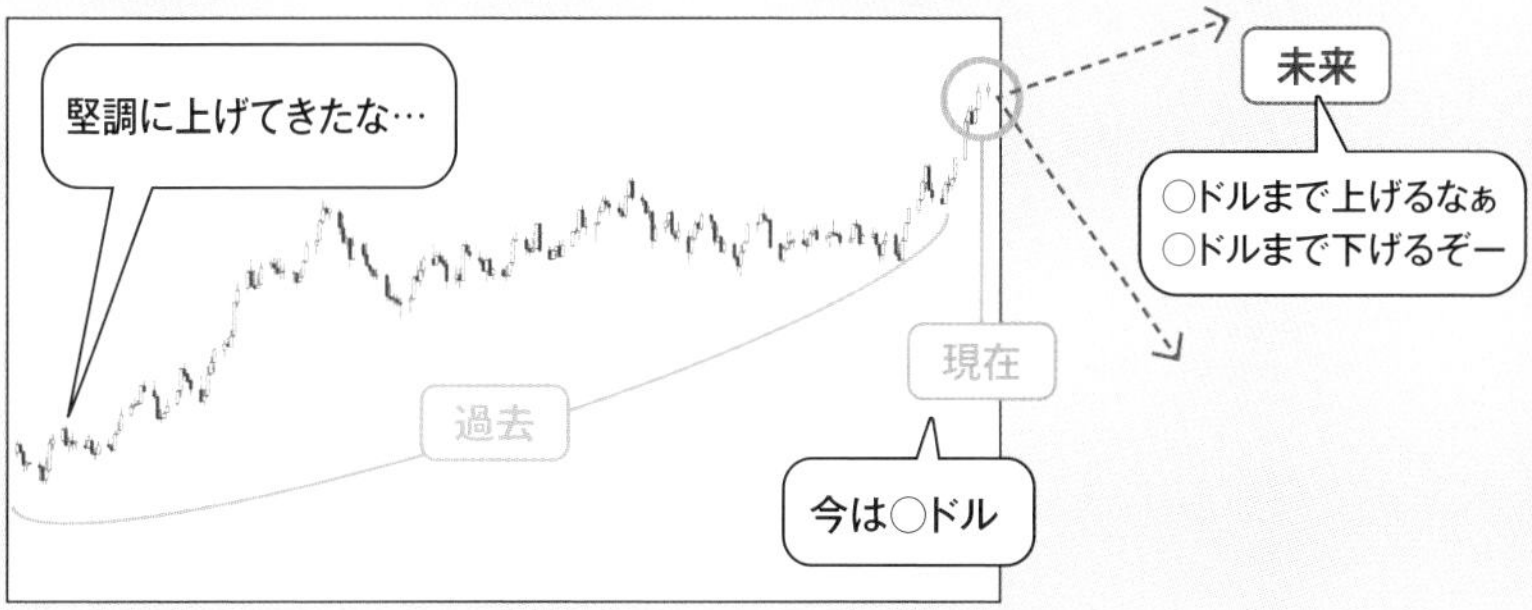

チャート：著者作成

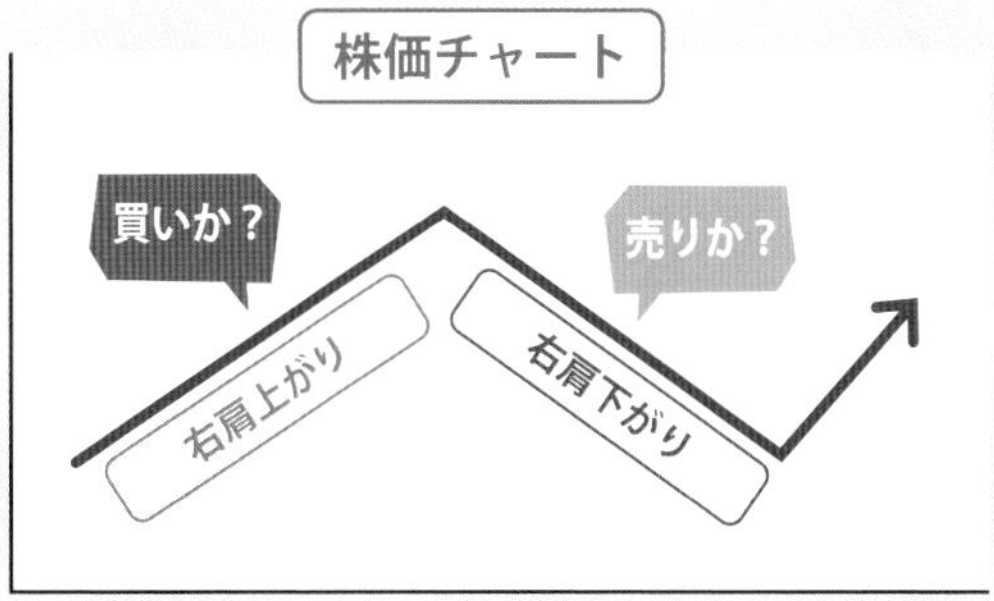

SECTION 2

株価チャートの基本 ローソク足の見方

1本のローソク足に4つの情報

株価チャートでもっともよく用いられるものがローソク足チャートです。**一定期間の株価変動をローソクの形に表したもの**です。

1つのローソクには、たくさんの情報が詰まっています。ローソクを見ることで、その期間の**最初の値段（始値）**、**終わりの値段（終値）**、**もっとも高かったときの値段（高値）**、**もっとも安かったときの値段（安値）といった4つのことがわかります**。

さらに、始まりより高く終わったものは白もしくは明るめの色で表され「陽線」と呼ばれ、始まりより安く終わったものは黒もしくは暗めの色で表され「陰線」と呼ばれます。

1本のローソク足が表す期間は？

1本のローソクで1日の株価変動を表したものを日足チャート、1週間の株価変動を表したものを週足チャート、1ヵ月なら月足チャートといいます。

長期の株価の動向を見たいときには週足や月足を見ます。目先のこまかい上下動ではなく、大きく見て上昇している局面なのか?、下降している局面なのか?といった見方をします。

実際に売買注文を出すときには、それだけでは大雑把になり過ぎるので、直近の値動きを確認します。このときに見るのが日足です。

さらに細かく変動をチェックしたいという場合は、1時間ごとの変動を記した時間足や5分とか10分ごとの動きがわかる分足を見ることもできます。

こうした株価チャートは、口座開設をすれば証券会社のサイトで詳細な情報を見られます。

ローソク足でチャートを読む

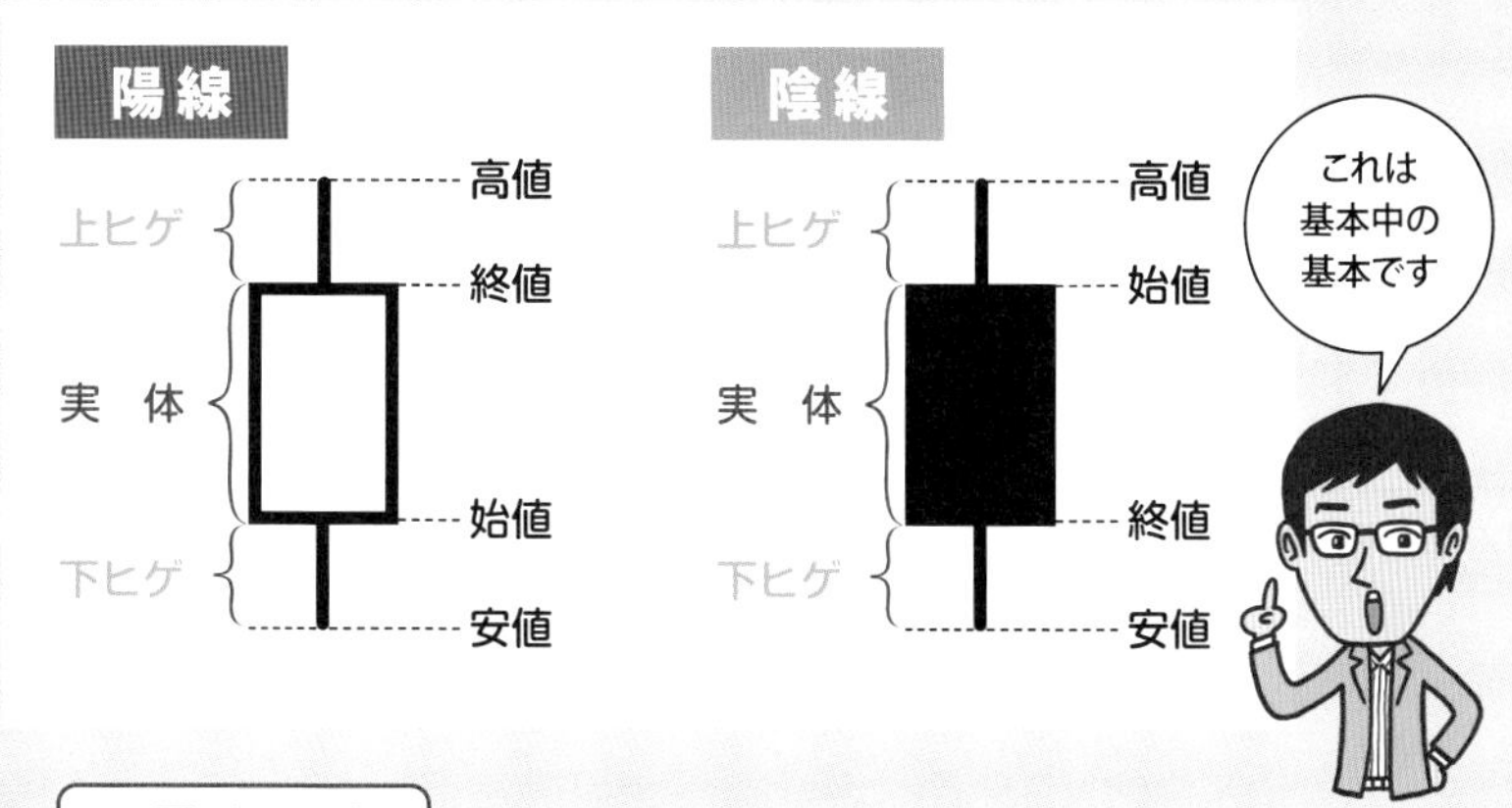

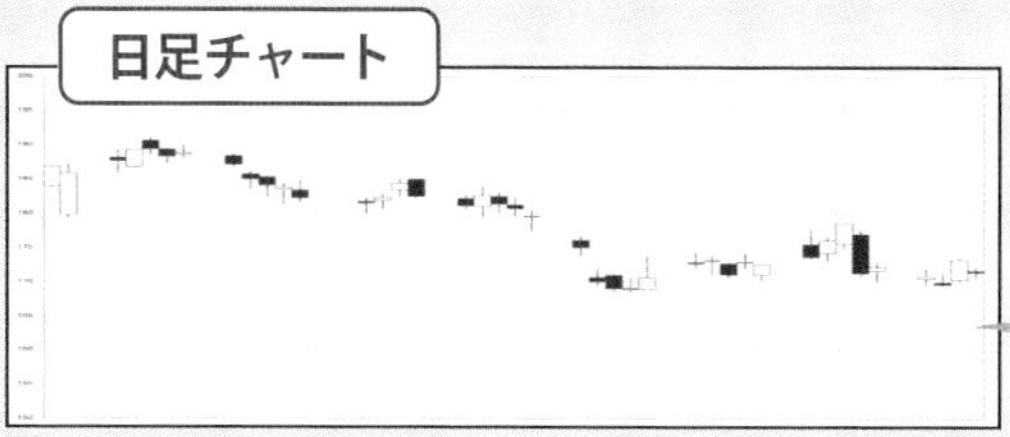

1本のローソク足で1日の株価の動きを表す

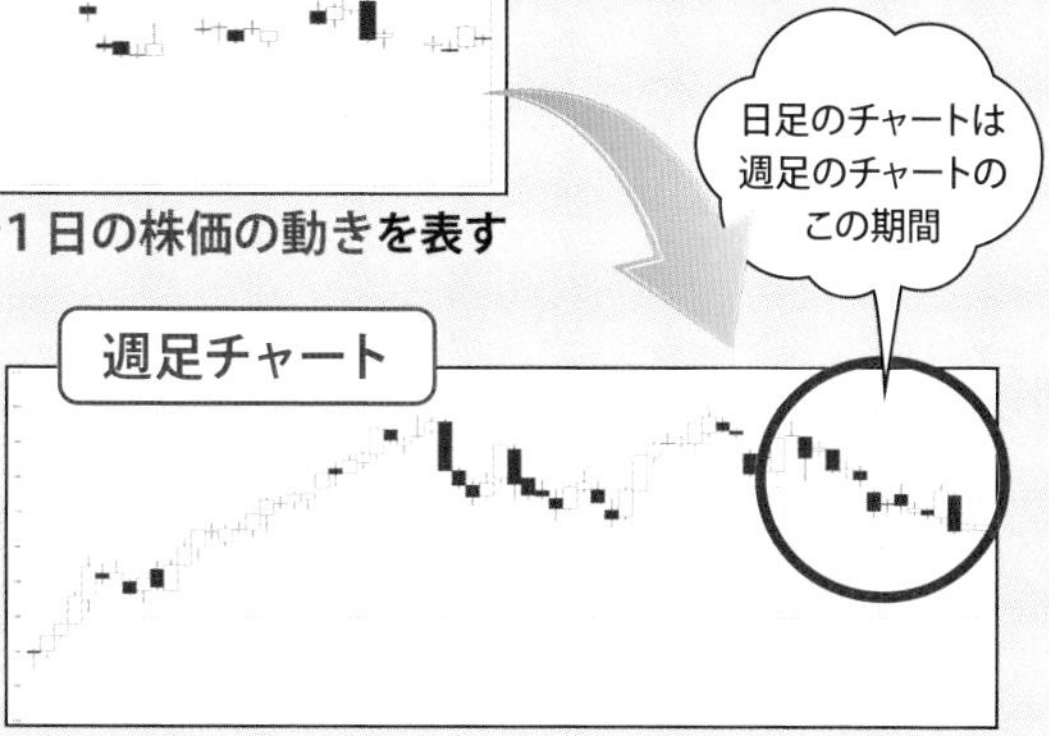

1本のローソク足で1週間の株価の動きを表す

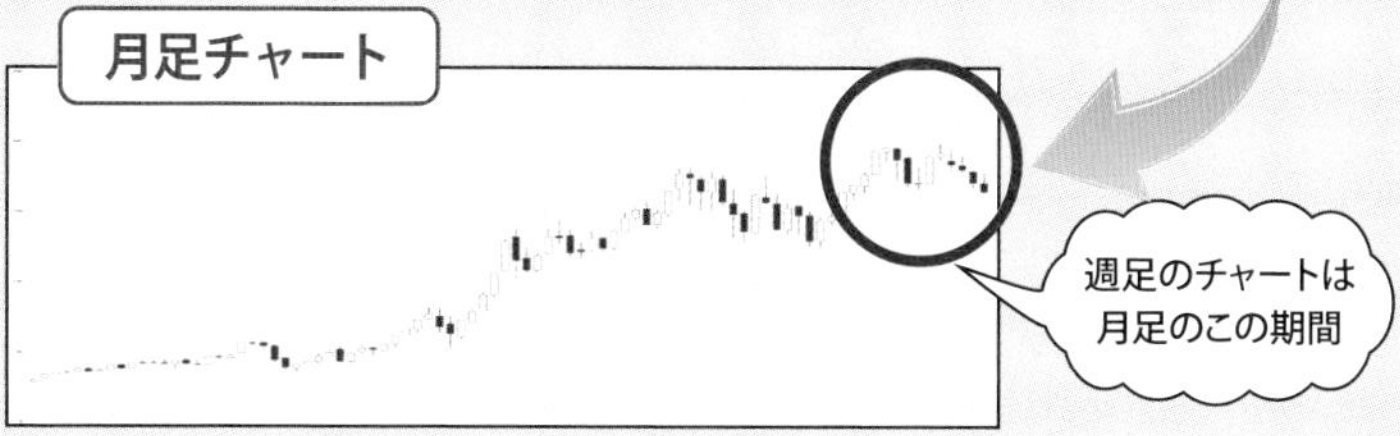

1本のローソク足で1ヵ月の株価の動きを表す

チャート：著者作成

SECTION 3

移動平均線で株価のトレンドを読む

ローソク足に寄り添う曲線が移動平均線

株価チャートの大半でローソク足に寄り添うように走っている曲線があります。これを移動平均線といいます。

一定期間の株価の終値の平均値を線で結んだものです。刻々と変化する株価の上下動をきっちりと表すローソク足では、どうしても細かい変動に目が行きがちです。そこで、**大まかな流れがわかるようにと加えられたのが移動平均線**です。

移動平均線が右肩上がりになっていれば「上昇局面」、右肩下がりなら「下降局面」というように、ぱっと見てわかるのが特徴です。

2本の曲線が交わる「クロス」がチャンス!

移動平均線は短期間の平均値を結んだ「短期線」と長期間の平均値を結んだ「長期線」の2本を用いることが多いです。

この2本の移動平均線が交差するときは、上昇から下降、または下降から上昇へと局面が変化する＝売買のチャンスとされています。

長期線を短期線が下から上に突き抜ける形で交差するときを「ゴールデンクロス」といい、上昇局面への転換とされます。

逆に長期線を短期線が上から下に突き抜ける形で交差するときを「デッドクロス」といい、下降局面への転換とされます。

一般的に日足チャートでは5日、25日、75日、200日の移動平均線が利用されています。

この日数については「どれがベスト」というわけではありません。あえていうなら、**「株式市場でより多く用いられている方に注目する」**ということになるでしょうか。

移動平均線で売買のトレンドを読む

移動平均線 ＝ 一定期間の株価の終値の平均値を線で結んだもの。株価の大まかな流れがわかる

右肩上がり → 上昇局面

左肩上がり → 下降局面

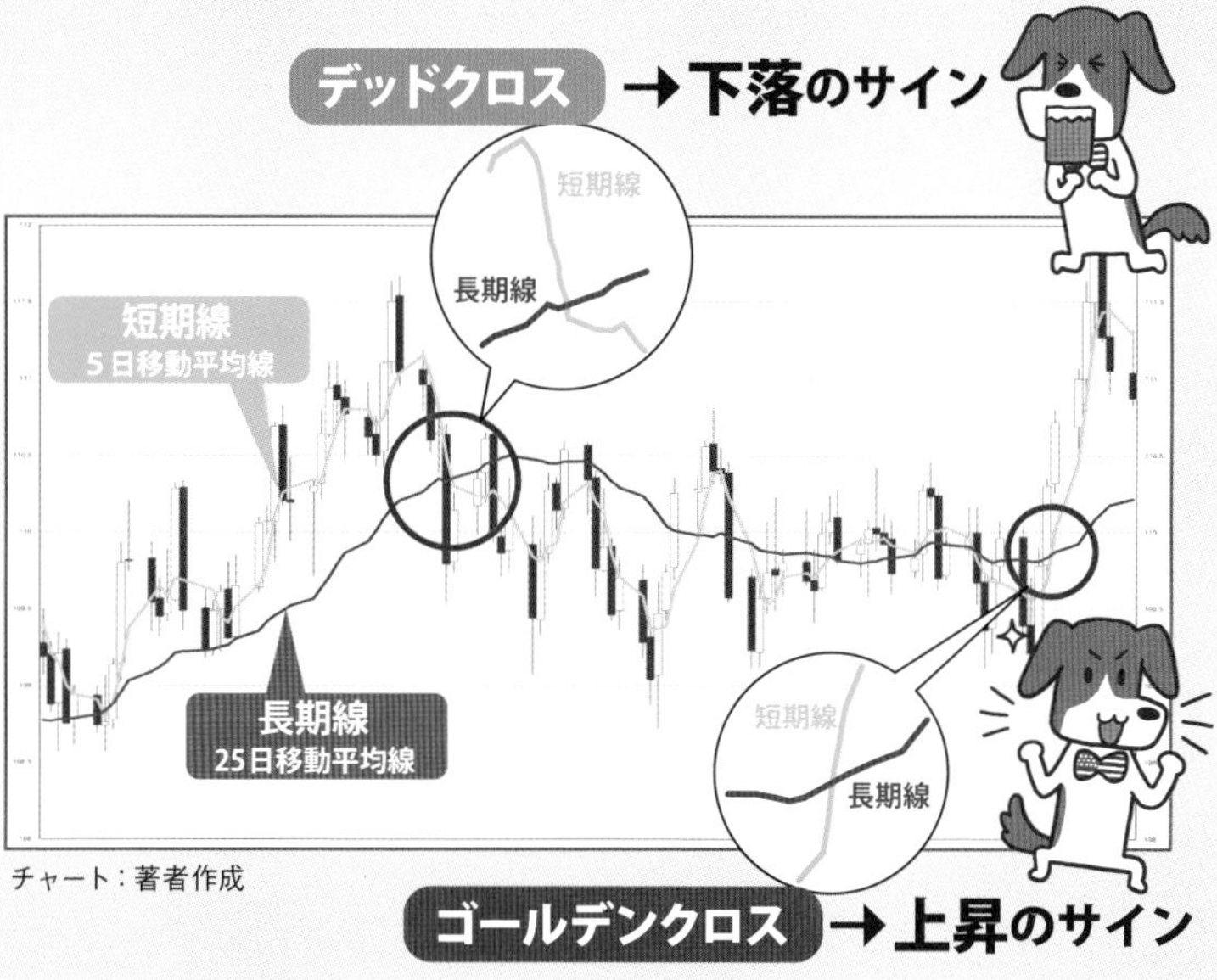

チャート：著者作成

よく使われる移動平均線

日足：5日、25日（20日）、75日（60日）、200日

週足：13週、26週、52週

月足：12カ月、24カ月、60カ月

SECTION 4

売買のチャンスを判断！グランビルの法則

移動平均線とローソク足の関係

移動平均線とローソク足の関係に注目して買いと売りを４つずつの法則にしたものが、グランビルの法則です。

買いの法則❶

移動平均線が下落後、横ばいもしくは上昇し始めの段階で、ローソク足が移動平均線を下から上にクロスした状態。

買いの法則❷

移動平均線が上昇しているときに、ローソク足が移動平均線を上から下にクロスする。

買いの法則❸

上昇している移動平均線のさらに上で推移していたローソク足が移動平均線に向けて下落したものの、クロスせずに再び上昇し始める。

買いの法則❹

移動平均線が下落している局面でローソク足が移動平均線と離れて大きく下落したのち上昇し始める。

売りの法則❶

移動平均線が上昇後、横ばいか下落しつつある局面で、ローソク足が移動平均線を上から下にクロス。

売りの法則❷

移動平均線が下落しているときに、ローソク足が移動平均線を下から上にクロスする。

売りの法則❸

下落している移動平均線のさらに下で推移していたローソク足が移動平均線に向けて上昇したものの、クロスせずに再び下落する。

売りの法則❹

移動平均線が上昇している局面で、ローソク足が移動平均線と離れて大きく上昇後、下落し始める。

このなかでも**特に重要度が高いのは、買いの法則❶と売りの法則❶です。**

グランビルの法則

買いの4法則

❶

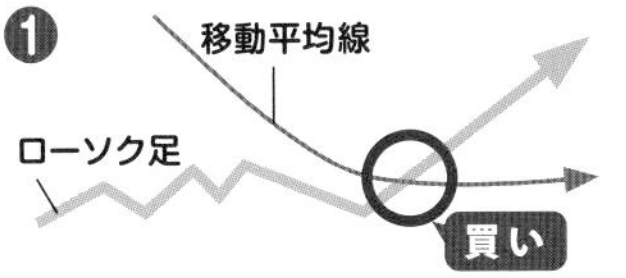

移動平均線が下落後、横ばいになるか上昇しつつある局面で、ローソク足が移動平均線を下から上にクロス

❷

移動平均線が上昇している局面で、ローソク足が移動平均線を上から下にクロス

❸

ローソク足が上昇する移動平均線の上にあって、移動平均線に向けて下落するもクロスせずに再び上昇

❹

移動平均線が下降している局面で、ローソク足が移動平均線とかけ離れて大きく下降したのちに上昇

売りの4法則

❶

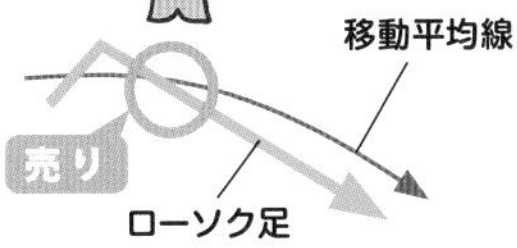

移動平均線が上昇後、横ばいになるか下降しつつある局面で、ローソク足が移動平均線を上から下にクロス

❷

移動平均線が下落している局面で、ローソク足が移動平均線を下から上にクロス

❸

ローソク足が下落する移動平均線の下にあり、移動平均線に向けて上昇するもクロスせずに再び下降

❹

移動平均線が上昇している局面で、ローソク足が移動平均線とかけ離れて大きく上昇したのちに下降

SECTION 5

トップ（天井）とボトム（底）を知っておく

トップとボトムには典型的な形がある

株価チャートを見たときに**高値をつけている部分をトップ（天井）**、**安値をつけている部分をボトム（底）と言います**。代表的な形を知っておくと、その後の株価も推測しやすくなります。

V字トップ、V字ボトム

もっともシンプルなのが、V字トップ、V字ボトムです。高値の山・安値の谷が逆V字・V字のように1つだけの形です。**急騰や急落など、極端な動きのあとの戻りでよく形成されます**。非常に短期間で形成されることがほとんどです。

ダブルトップ、ダブルボトム

似たような株価にまで上昇・下降した2つの山・谷ができる形です。アルファベットのMとWをイメージしてもらえるとよいでしょう。

ここで注目したいのが、2つの山の間に作られる谷、もしくは2つの谷の間に作られる山です。**この値段に引かれたラインをネックラインといいます**。ダブルトップの場合は、このネックラインを下に抜けたら売りサイン、ダブルボトムの場合はネックラインを上に抜けたら買いサインになります。

V字トップ、V字ボトムに比べて強力なトップとボトムの形です。

ヘッドアンドショルダー

3つの山を形成する形で、真ん中の山が両脇の山よりも高くなるのが特徴です。**日本では三尊《さんぞん》とも呼ばれます**。ボトムを示す場合は、真ん中の谷が両脇の谷よりも深くなります。また、三尊の逆の形になるので逆三尊と呼ばれます。

トップ（天井）とボトム（底）の形

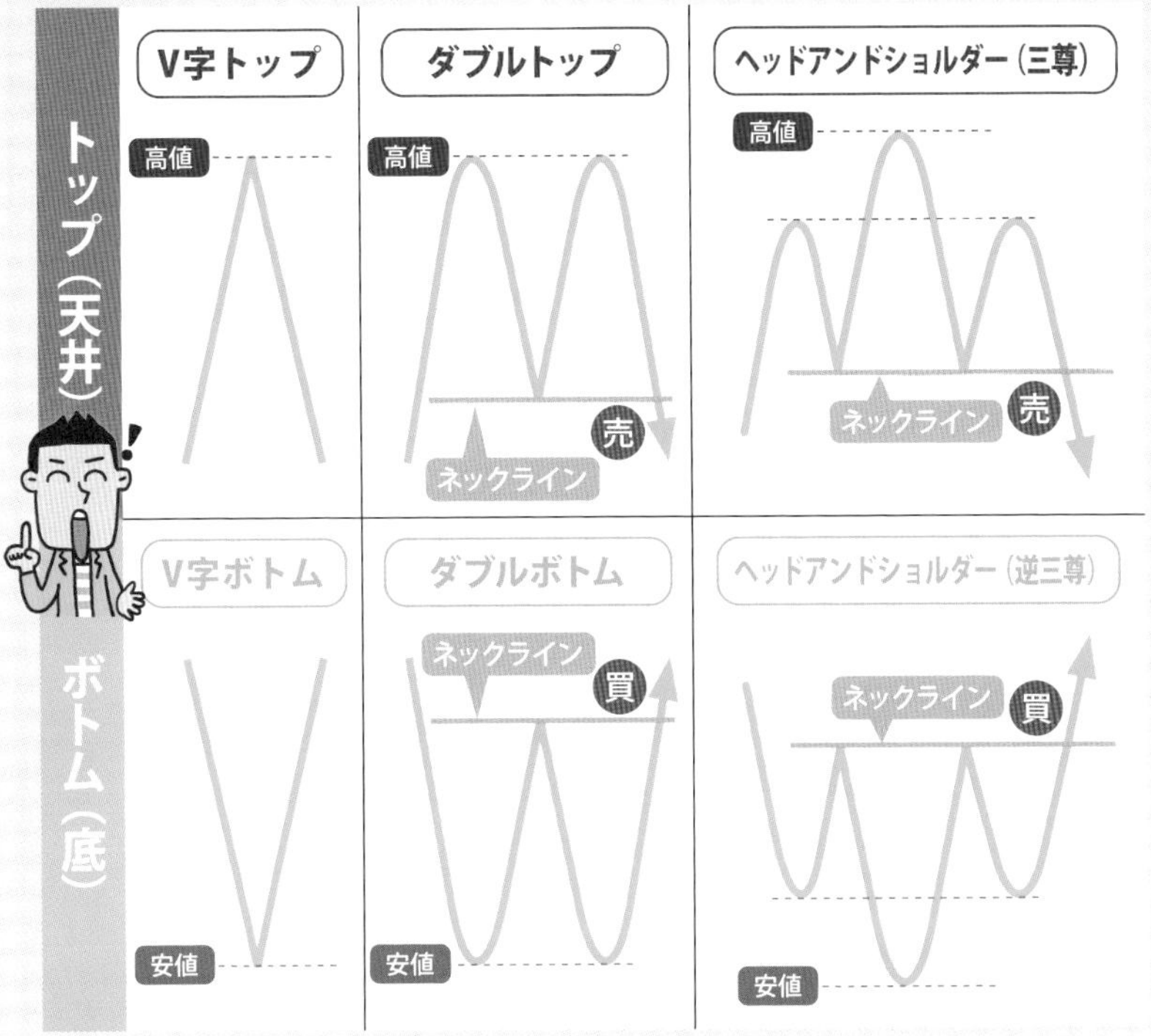

ダブルトップ、ダブルボトムと同じく、ここでもネックラインが重要な役目を果たします。ヘッドアンドショルダーの場合は、前回と前々回の安値を結んだラインがネックラインになります。

トップの場合はネックラインを下に抜けたら売りサイン、ボトムの場合はネックラインを上に抜けたら買いサインになります。

トップ、ボトムの形として非常によく知られているもので、それだけに強力な形ということもできます。

また、欧米などではこの3つの山、または谷に、さらにもう1つ小さな山や谷を作る**「リターンムーブ」という動きを加えて4つの山・谷でトップとボトムを考えることもある**ようです。

SECTION 6

RSIで株価の行き過ぎを分析する

人気の過熱を判断するオシレーター系

株価は常に変動しています。わかりやすく「上昇局面だ」とか「下降局面に入った」などと見分けられるとよいのですが、実際には**「まだ上げている場面なのか、下げ始めたのかよくわからない」**ということもあります。こういった状態を「保《も》ち合い」といいます。

特に多くの投資家が売買する大型の銘柄になると、動きをつかみにくくなる傾向があります。

そんなときに活用したいのが**オシレーター系のテクニカル分析**です。これは株価変動の「行き過ぎ」を分析するものです。**人気が過熱して「過剰に買われている」という場合は「売り」、悪材料のインパクトが強過ぎて「過剰に売られている」という場合は「買い」**とするのがオシレーター系の基本的な考え方です。

ラインを超えたら行き過ぎのサイン！

オシレーター系の特徴をもっともシンプルに表しているものの1つが「RSI」です。株価チャートの下に追加されるような形で曲線が表示されます。この曲線が**70%のラインを超えてきたら「買われ過ぎ＝売り」のサイン、30%よりも下げてきたら「売られ過ぎ＝買い」のサイン**です。

ただし、売買のタイミングはRSIが70%を超えたときではなく、**70%以上だったRSIが70%を割りそうなとき、または30%以下だったRSIが30%を超えそうなとき**です。

オシレーター系全般に言えることですが、**上昇下降のトレンドが明確な場面で使うと、いわゆる「ダマシ」といって、サインとは逆の方向に動く（損失が発生する）ことが多くなります**から、注意してください。

買われ過ぎ、売られ過ぎをRSIで見る

オシレーター系 ＝ 株価の 「買われ過ぎ」→ 売りサイン / 「売られ過ぎ」→ 買いサイン を分析

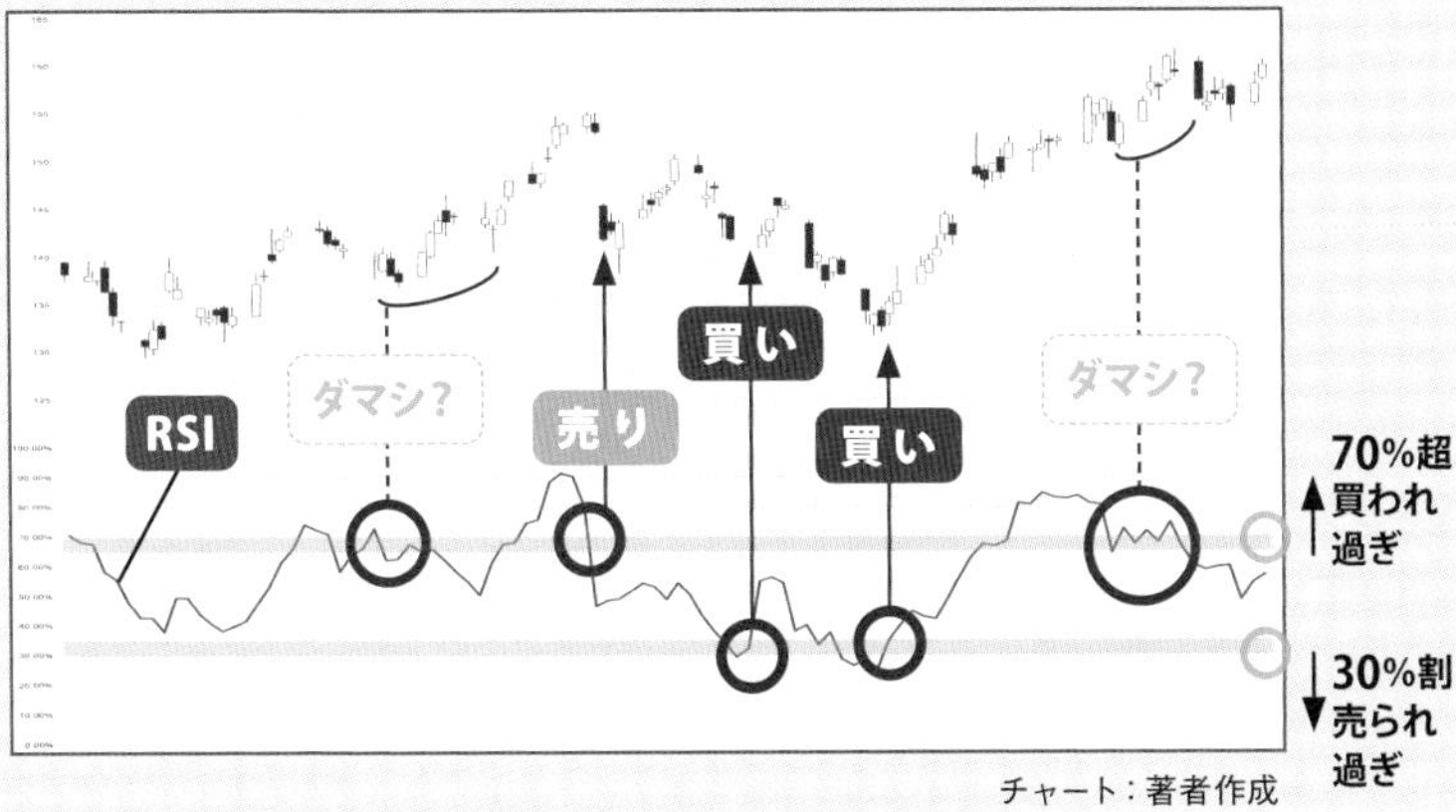

チャート：著者作成

70%を超えていたRSIが70%を割りそう → 売り

30%を割っていたRSIが30%を超えそう → 買い

Mini コラム

なぜ株価は行き過ぎる？

株の売買が過熱すると想定を超えて価格が上昇・下落し続けることがあります。これを「行き過ぎ」といいます。株価が上昇しているから買う→買うから株価が上昇するという連鎖で、実際の価値から株価が大きく乖離《かいり》してしまうのです。売買にプログラミングが介入するようになったとは言え、投資は人間が行うものなので、たびたびこのようなことが起こります。

SECTION 7

クロスを見るオシレーター ストキャスティクス

移動平均線に近い？ クロスがサイン

ストキャスティクスではRSIと同じように株価チャートの下に曲線のグラフが表示されます。しかし、その見方は**どちらかというと移動平均線に近いです**。

ストキャスティクスには3本の曲線が登場します。％Kラインと％Dライン、そしてSDラインです。**％Kラインと％Dラインの2本で表す際は「ファストストキャスティクス」、％DラインとSDラインで表す際は「スローストキャスティクス」と呼ばれます**。

シグナルの読み方は移動平均線と同じでクロスに注目します。％Kラインが％Dラインを下から上に抜けたらゴールデンクロス＝買いサイン。または％DラインがSDラインを下から上に抜けたらゴールデンクロス＝買いサインです。

それぞれが逆に上から下に抜けた場合は、デッドクロス＝売りサインになります。

これらクロスは、**買いサインなら安値圏（25％以下）、売りサインなら高値圏（75％以上）で出現することが条件**です。そうでない場所でのクロスは「ダマシ」になることが多いです。

短期売買ならファスト 中長期ならスロー

ファストストキャスティクスはスローストキャスティクスに比べ**反応が早い反面、ダマシも出やすい傾向**があります。そのため、デイトレードなどの短期売買で活躍します。

スローストキャスティクスは**反応が一歩遅れるものの、ダマシが少なくなる**ので、中長期の売買でよく用いられます。

行き過ぎとクロスを見るストキャスティクス

ファストストキャスティクス

%Kライン & %Dライン

反応は早いがダマシが多い

スローストキャスティクス

% Dライン & SDライン

反応は遅れるがダマシが少ない

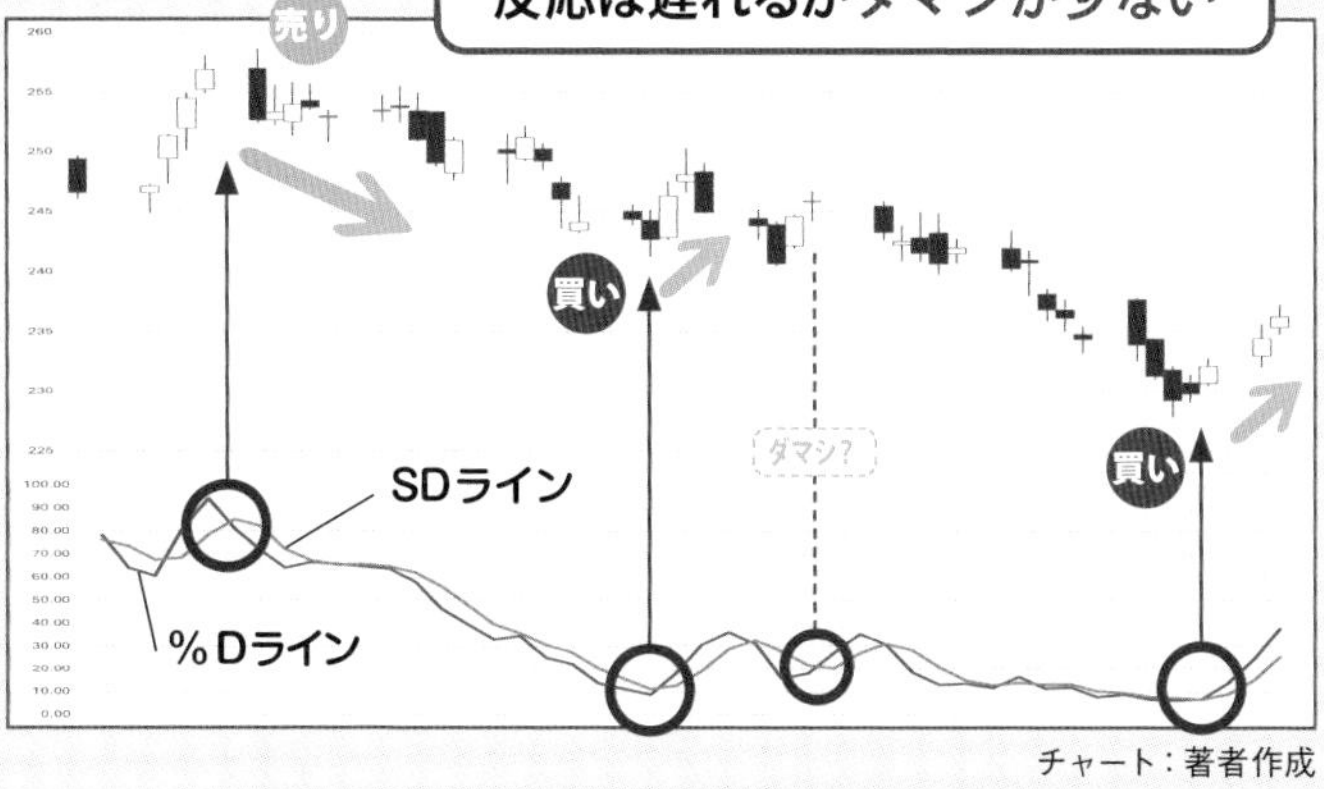

チャート：著者作成

SECTION 8

ファンダメンタルズで会社の価値を見極める

未来の経営成績がその会社の価値

世界最大の投資ファンドで、PART4の注目の個別銘柄でも紹介したバークシャー・ハサウェイ。このファンドを率いる、世界で最も著名な投資家がウォーレン・バフェット。

彼は、**「ファンダメンタルズこそ重視すべきだ」**と言っています。株を買うときは会社全体を買うと考えなくてはいけない、というのが彼の持論です。そのためには、**株価の動向だけでなく、会社そのものの価値を把握しなくてはなりません。**

会社の価値を考えるときに重要なことは、今の会社の経営成績だけではなく、未来の経営成績＝経営予想が重要です。会社の価値を把握できれば株価も見えてきます。

将来、その会社の価値が上がると思われれば株は買われ、下がると思われれば売られるからです。ここで**重要なのは今の価値ではなく、「今に比べ未来の価値がどう変化しているか」**になります。

ファンダメンタルズとテクニカル両方必要

また、広い意味でのファンダメンタルズには**経済状況や政治状況も関わってきます**。例えばコロナ禍においては外食や旅行が控えられ、それらの業界の売上が大きく下がり、株価も下がりました。

株式投資において、テクニカル分析とファンダメンタルズ分析は車の両輪のようなものです。どちらかだけでは不足が出てしまいます。

売買のタイミングなど短期ではテクニカル分析を、将来性を見るなどの中長期ではファンダメンタルズ分析というような役割分担になります。

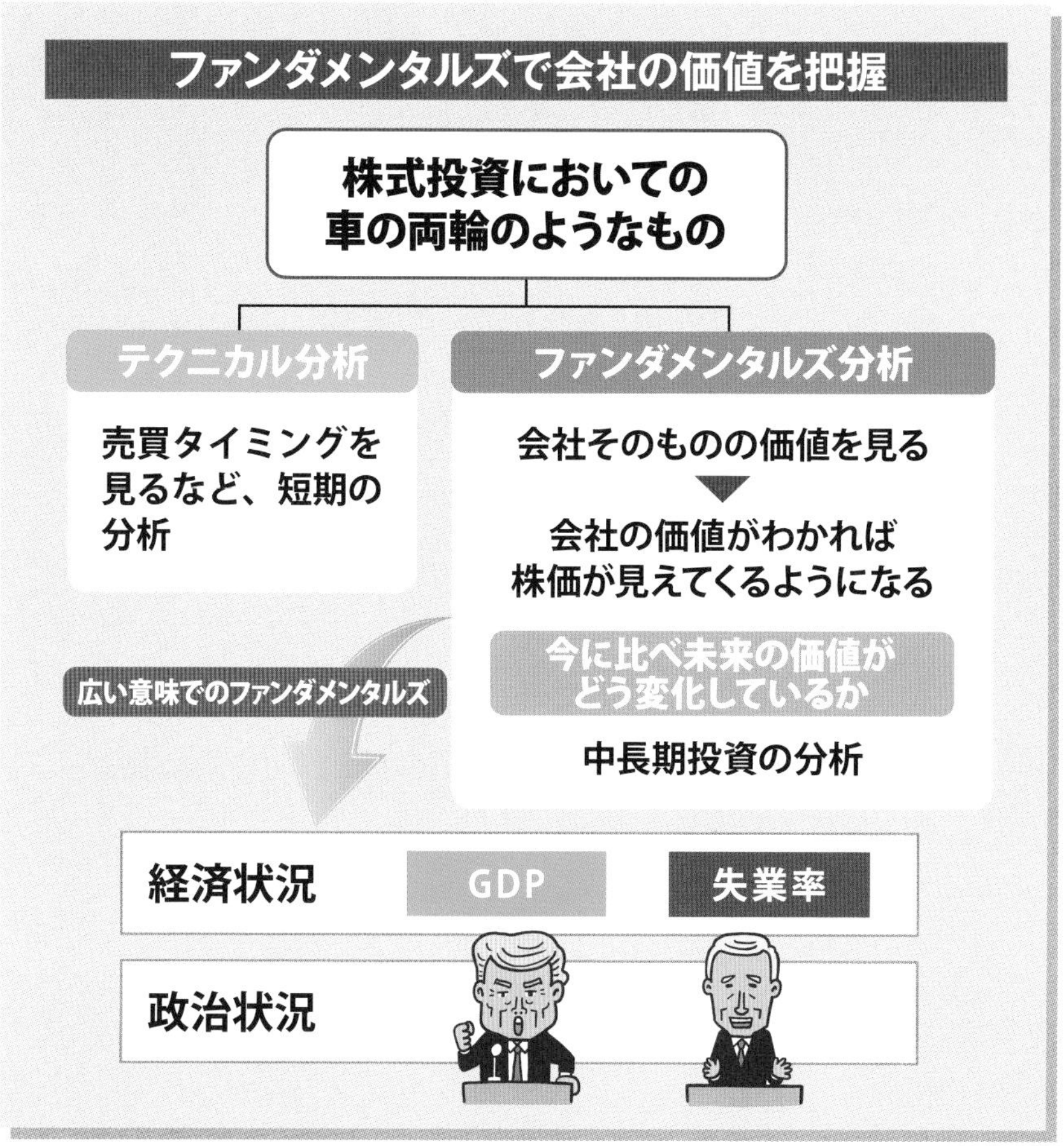

Mini コラム

どんな人？　ウォーレン・バフェット

ウォーレン・バフェットは55年間で資産を2.7万倍に増やした大投資家です。彼の投資哲学はシンプルで「自分がビジネスを理解できる銘柄」のなかで「割安な銘柄」を「忍耐を持って長期に保有」することです。特に、株を買うのではなく、会社を買うと考えて銘柄を選ぶという考え方は、一般投資家にとっても大いに参考になると思います。

SECTION 9

銘柄の割安・割高度をはかるPER

PER15～20倍が目安のライン

この株は割高だ、割安だという言い方がありますが、何を基準に高い安いと言っているのでしょうか？　その手がかりの1つになるのがPER（株価収益率）です。

PERの説明をする前に、まずはEPS（1株当たりの純利益）について説明しましょう。**会社の純利益を発行済株式数で割ったものがEPSです。**

そして**PERは、株価がEPSの何倍まで買われているかを表したものです。**ですから計算式は株価÷EPSになります。

この**PERが高い銘柄は割高、低い銘柄は割安という見方をします。**その割高・割安のラインとしてよく言われているのがPER15～20倍です。

ただし、これはあくまでも目安です。PERが低いものでも、将来性がまったくない銘柄は「割安」とは言えません。逆に**PERが高いものであっても、近い将来、利益の増大が見込める銘柄は、必ずしも「割高」というわけではありません。**

米国の高PER株は即割高ではない

米国株には高PER銘柄が多くあります。しかし、米国株の場合、それが即割高とはなりません。

現状のPERが高かったとしても**将来、今以上の利益を上げられるなら、将来のPERは低くなる可能性があります。**実際、将来性があり今後の利益増大を目指せる企業は米国に多く存在します。

このようにPERをチェックするときは、業種別でのPERなどと比較してみましょう。

PER（株価収益率）とは?

EPS（1株当たりの純利益）＝ $\dfrac{\text{当期純利益}}{\text{発行済株式数}}$

PER（株価収益率）（倍）＝ $\dfrac{\text{株価}}{\text{EPS}}$

PER
- 高い ➡ 株価のわりに利益が低い **割高**
- 低い ➡ 株価のわりに利益が高い **割安**

PERは「将来性」も一緒に見る

将来性のある高PER株 ➡ 割高ではない

将来性のない低PER株 ➡ 割安ではない

米国株のＰＥＲは非常に高いと指摘されることがありますが、将来性を買われて株価が上昇していることによるものが多くあります

将来性を見込まれた高PER企業の例

会社名	PER（倍）
ドキュサイン	168
コインベース・グローバル	542
インテル	108
セールスフォース・ドットコム	72.3

（2024年4月現在）

SECTION 10

PBRで見る安全な銘柄、不人気な銘柄

企業の資産に注目して割高・割安を判断

PERは企業の純利益に着目して株価の割高・割安を判断しようとするものでした。そして、**企業の資産に着目して株価の割高・割安を判断しようというのが、PBR（株価純資産倍率）です**。

会社の純資産を発行済株式数で割ったものをBPS（1株当たりの純資産）と言いますが、株価をBPSで割ったものがPBRです。

PBRについては**業界によって特徴が異なるので注意が必要です**。例えばIT業界ではビジネスの際に工場や材料は必須ではなく、基本的にコンピュータさえあれば業務ができるので、資産は小さくなりPBRが大きくなります。

一方で海運業や建設業では、船舶や建設用の機械などが必須で、それらの高額な資産を保有する必要があります。そのため、PBRが小さくなりがちなのです。

安全か不人気か見極めが大切

純資産は、BS（バランスシート）の一要素ですが、業界によってはBSを小さくするために、あえて不動産などの資産をバランスシートから外す「オフバランス化」を進めていたり、逆にBSを大きくしていくための調整・取引をしていたりもします。そのため、**純資産を額面通りにとらえるのは注意が必要**です。

一般的には**PBRが低い株は株価に対して資産が大きいため「安全な銘柄」**とする見方もありますが、見方を変えると、資産額のわりには株価が低い**「人気のない銘柄」と見ることもできます**。

また、PBRでは業界別の特徴を考慮しておく必要があります。

PBR（株価純資産倍率）とは？

$$\text{BPS（1株当たりの純資産）}=\frac{\text{純資産}}{\text{発行済株式数}}$$

$$\text{PBR（株価純資産倍率）（倍）}=\frac{\text{株価}}{\text{BPS}}$$

PBR
- 高い → 株価と比較した場合、資産の比率が小さい → **割高**
- 低い → 株価と比較した場合、資産の比率が高い → **割安**

一般的にはPBRが1を切ったら割安バリュー株とされている

しかし
- 将来性のない低PBR株 → 人気のない銘柄かも？
- 将来性のある高PBR株 → 割高ではない

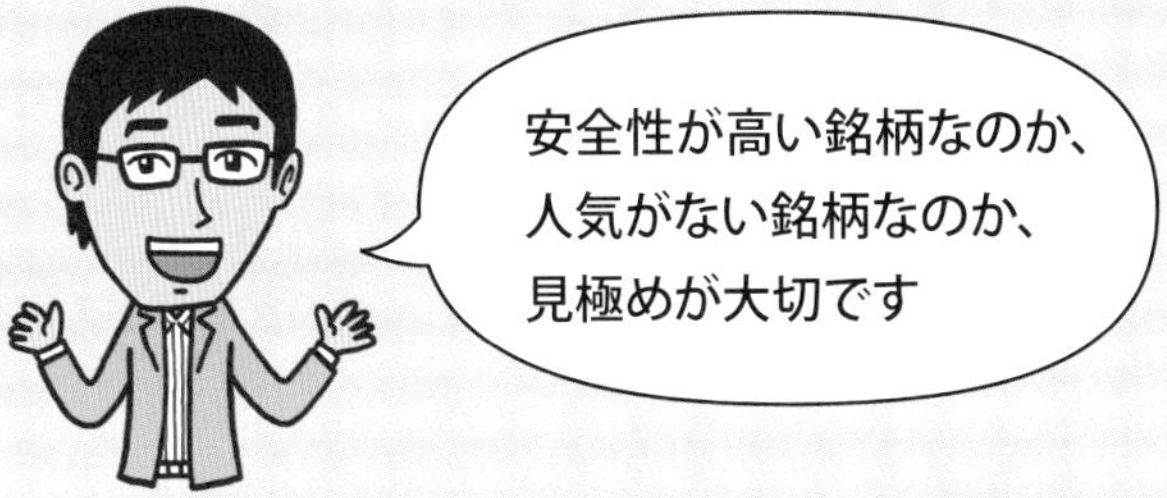

業界別のPBRの傾向

高い業界　IT情報　小売業　サービス業 など
低い業界　金融業　海運　建設業 など

SECTION 11

利益の効率性をはかるROE

会社は株主のものを象徴する指標

利益や資産に対する株価の割合を表したPERやPBRとは異なり、**株主が出した資本（自己資本）に注目したのがROE**です。ROEは会社の収益性を見る指標です。

日本では「会社はお客様のもの」とか「会社は従業員のためのもの」などという声も聞かれますが、米国では歴《れっき》として「会社は株主のもの」です。ROEはそれを象徴しているとも言えます。

ROEは1株当たりの純利益÷1株当たりの純資産で計算されます。**この数値が高いほど株主の資本を効率的に利益に変えているということになります**。

米国株投資では10％が最低ライン？

米国の考え方と非常に相性のよい指標ですから、当然、**米国株投資では重要視されます**。日本ではROEが10％ほどで非常に優秀とされているのが現状ですが、**米国の場合は、「10％が最低ライン」とする投資家もいるほどで、20％以上の会社も多く存在します**。

こうした日米の差は、経営者に対する考え方の違いにも由来します。米国では経営者は「株主が雇っている」と考えます。自分たちが預けた資金で、より効率的に経営している経営者には高い報酬を与え、非効率な経営をする経営者は交代させるので、経営者もROEを上げることに必死になります。

なお、**借入を増やして利益を上げているために高ROEになることもあります**。米国ではこのような手法をとる企業もありますが、一歩間違えると大きな負債を抱えてしまう場合もあるので、注意が必要です。

ROE（自己資本利益率）とは？

$$\mathrm{ROE}(\%) = \frac{\mathrm{EPS}\,(1株当たりの純利益)}{\mathrm{BPS}\,(1株当たりの純資産)} \times 100$$

株主の資本をどれだけ効率的に利益に変えているか

↓

「会社は株主のもの」を象徴している指標

● 米国株のROEは高い！

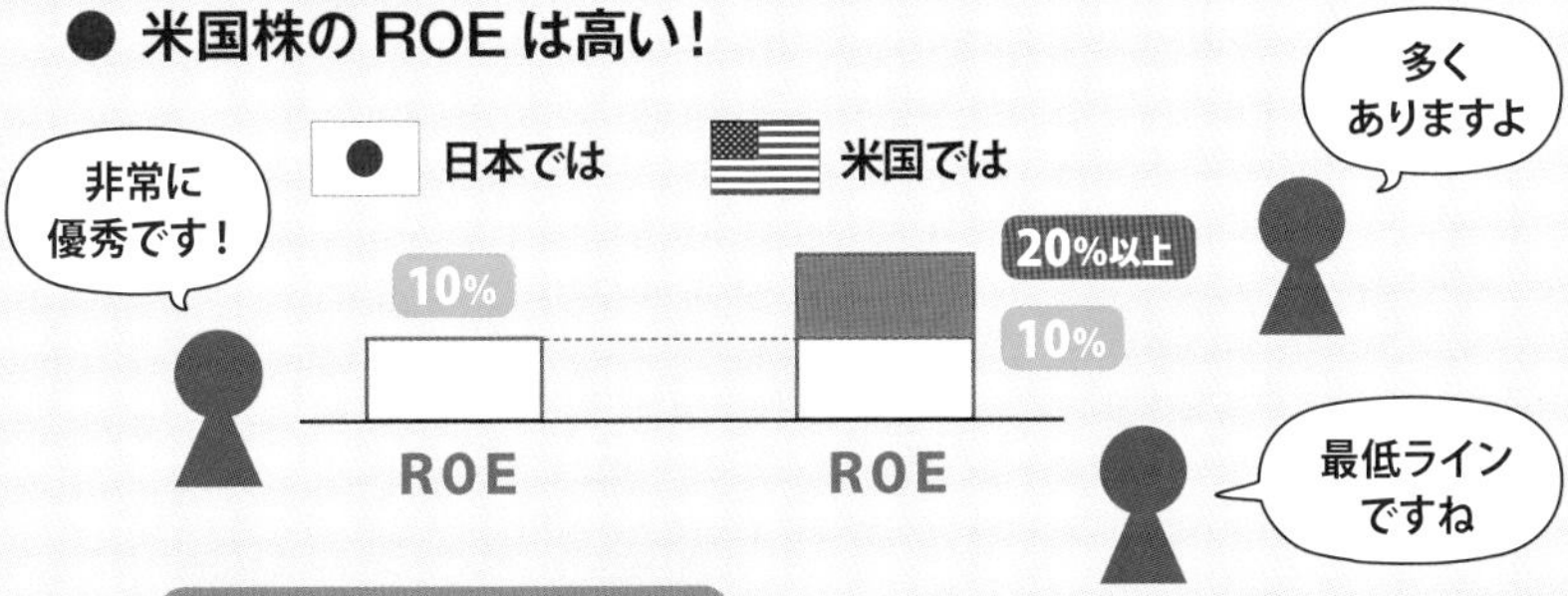

米国の場合…

自己資本 ＋ 借入れ → 利 益

借入れを大きくしてリスクを取って果敢に利益を取りに行く企業も多くあるため、ROEが高くなるという面も！

SECTION 12

BS、PL、CFのここをチェック!

決算書はここだけ見ればOK

株式投資では、ある程度は決算書も見られるようになっておく必要があります。いろいろな「なんとか書」があって混乱するかもしれませんが、簡単に整理しながら説明しましょう。

決算書と言われているものの正式名称は「財務諸表」と言われ、複数の計算書で構成されています。

株式投資では、そのうちの**「BS（貸借対照表）」「PL（損益計算書）」「CF（キャッシュフロー計算書）」の3つを押さえておけば大丈夫**です。なお、米国ではPLではなく**「Income statement」と呼ばれることも多い**です。BSでは会社の財務状態を、PLでは会社の儲けを、CFでは会社の現金の流れを読み取るとされています。

近年注目されるキャッシュフロー

近年は、そのなかでもCFが非常に重要視されています。CFは、営業活動によるキャッシュフロー（営業キャッシュフロー）、投資活動によるキャッシュフロー（投資キャッシュフロー）、財務活動によるキャッシュフロー（財務キャッシュフロー）の3つに分けられます。

そして**営業キャッシュフローと投資キャッシュフローの合計をフリーキャッシュフローと言います**。これに注目です。

フリーキャッシュフローとは、文字通り自由に使える現金という意味です。当然、この額が大きい会社ほど経営状態が良好ということになります。現金が営業活動と投資によって結局いくら増えたのかを見る指標になります。

フリーキャッシュフローは、PL

決算書の見方

株式投資ではこの3つに注目！

BS 貸借対照表 ➡ 会社が保有する資産の額など、会社の財務状態を表す

PL 損益計算書 ➡ 会社がどれだけ儲かっているかを表す

CF キャッシュフロー計算書 ➡ 会社の現金の流れを表す

特にCFが重要視されている

① 営業キャッシュフロー
② 投資キャッシュフロー
③ 財務キャッシュフロー

①営業キャッシュフロー ＋ ②投資キャッシュフロー ＝ フリーキャッシュフロー（自由に使える現金）

一般的に投資キャッシュフローはマイナスになるので、計算時は差し引くことになります

やBSと合わせて見ることで、その会社が現金をどの程度増やすことができたかを確認できます。

BSやPLには減価償却費をはじめとして、現金が変化しない会計的な利益や費用が存在しています。フリーキャッシュフローは、そのような**会計的な数字ではなく、現金ベースで、その会社の安定性や将来性をより厳密に見ることができる**のです。

CFについてはBSやPLと比べてわかりにくいかもしれませんが、会社にとっての貯金を重視した家計簿に近いものだと考えてください。収入が変動したり自己投資もいろいろしたけれども、結局貯金としてはいくら増えたのか、減ったのかを見るものになります。

To start U.S.stocks investment with NISA

COLUMN 7

米国株じゃないけど米国株 ADR（米国預託証券）

米国にはＡＤＲ（米国預託証券）という制度があります。米国の投資家が、米国以外の国々へ株式投資を簡単にできるようにするための制度です。

米国の銀行が現地でＡ社の株を買い、米国にてＡ社の株の「保有権」をＡＤＲという形で売買するといった制度です。

ちょっと難しそうですが、私たち投資家にとっては「米国で上場している米国以外の株式」ぐらいの認識で十分です。米国株と同じように扱われるため、各種手数料も米国株に準じます。

例えば中国のある会社の株を楽天証券で購入する場合、最低手数料は５５０円だったとします。一方、同じ銘柄を米国株としてＡＤＲで購入するときの手数料は米国株と同じ０円（売買手数料２・２ドル以下）といった具合です。

トヨタや任天堂といった日本企業もＡＤＲとして米国で上場されていますが、注目したいのはイギリス、フランスなどのヨーロッパ株、中国やインド、ブラジルなどの新興国の銘柄です。

例えば、中国のアリババグループやインドのタタモーターズなども米国株としてＡＤＲで投資することが可能です。

PART 7

経済統計とニュースを米国株投資に活かす

SECTION I

株価を動かす経済統計 ＧＤＰ

業績好調でも経済全体の影響が

米国株投資では**会社の業績はもちろんですが、米国経済全体の動向もチェックしておく必要があります**。

会社ごとに異なる経済活動を行い業績もバラバラであっても、みんな米国経済の一員であることに変わりはありません。会社の業績に特に問題がないようなケースでも、**米国経済全体の落ち込みによって株価を下げてしまうというケースだってある**からです。

ただし、経済全体の動向を把握するといっても、対象が大き過ぎて何をどう見ればよいのか困ってしまうと思います。ここからは、いくつかの代表的な統計を取り上げて株価との関係を説明していきましょう。

予想値、速報値が株価に影響することも

経済統計といって多くの人が思い浮かべるであろうものがＧＤＰ（国内総生産）だと思います。実際に株価への影響も大きい重要な統計です。

特に**米国の場合は、ＧＤＰの70%近くを個人消費が占めています**。約半分の日本に比べて、経済全体への影響度は非常に大きいと言えます。

ＧＤＰは予想値、速報値が数多く発信されます。この段階で株価に影響を与えることも多くあるので、確定値だけではなく、毎月下旬に発表される**速報値や暫定値、ＩＭＦなどによる予想値もチェック**しておきましょう。

ＧＤＰは前回値との比較、予想値、速報値などとの乖離に注目します。前回値よりよくなったのか？悪くなったのか？予想を上回ったのか？下回ったのか？といった視点が大切です。

株価を動かすGDP

経済統計と言えば ＝ GDP（国内総生産）

特に米国の場合はGDPの70%近くを個人消費が占めているため、経済全体&株価への影響が大きい

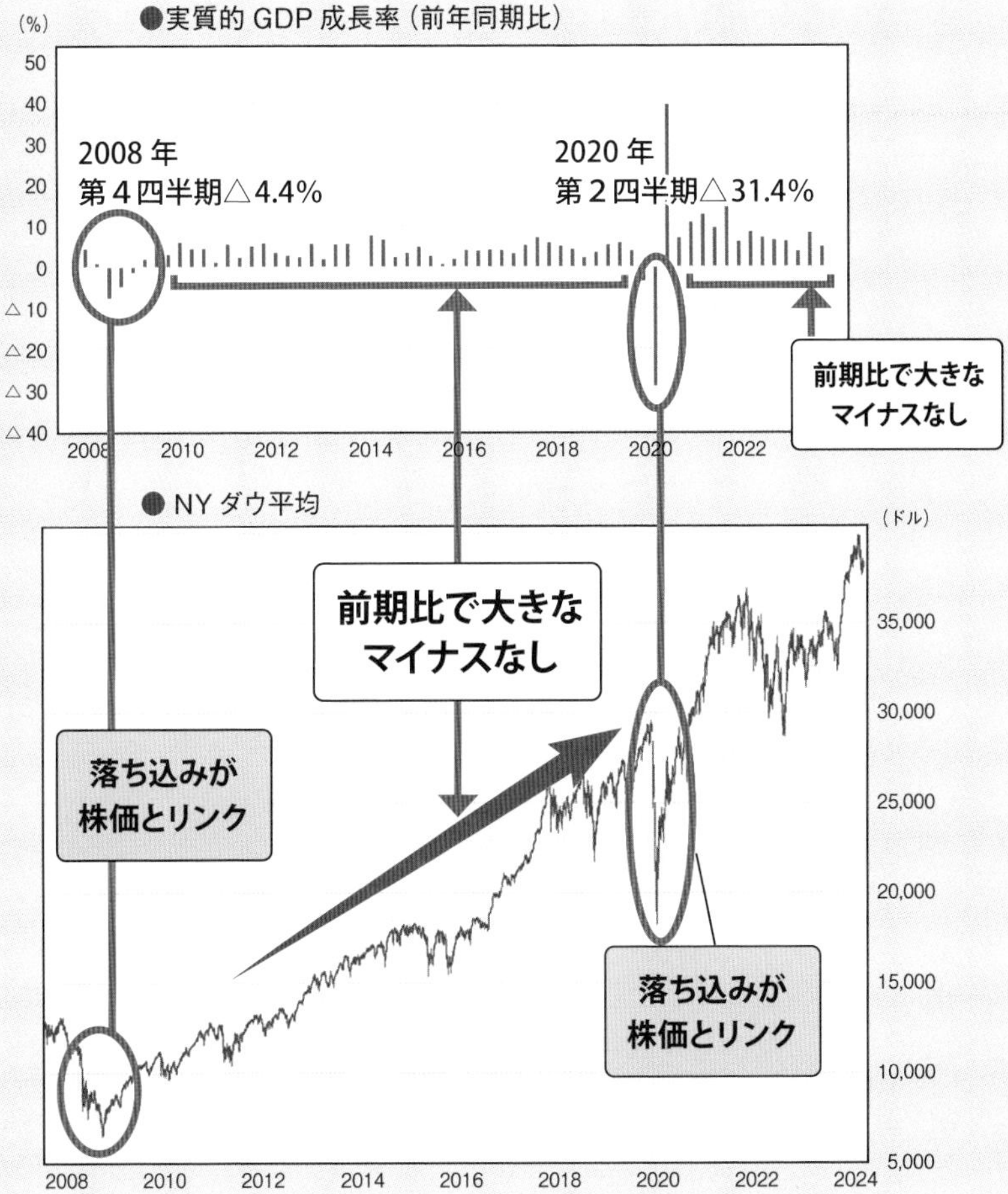

チャート：著者作成

GDPは
前回値との比較、予想値、速報値などとの乖離に注目する

SECTION 2

雇用統計が経済政策を左右する

マーケットが発表を注目する統計

ＧＤＰに次ぐ、もしくは肩を並べるほどの影響力を持つ経済統計が雇用統計です。米国労働省労働統計局が発表するデータで、そのなかの**失業率と非農業部門雇用者数（ＮＦＰ）に注目**が集まります。

米国の失業者は日本とは異なり、一時解雇中の労働者も含まれます。また、非農業部門雇用者数は、農業以外の事業を行う企業の就業者が前月比でどれだけ増加したかで表されます。

雇用統計は注目度の高い統計だけに**前回値、予想値との比較が重要**になります。

特に統計が発表される毎月第1金曜日は、マーケットがその数値をうかがいながら推移します。発表直後に株価が大きく変動することは少ないですが、**為替相場へのインパクトは非常に大きいです**。そのため、資金の両替をしようというときは特に注意すべきです。

遅行指標の代表だが日本ほど遅行ではない

経済統計には、経済の先行きを示す先行指標と、現状の経済の実態を改めて表す遅行指標があります。

雇用統計は後者の遅行指標になりますが、**米国の場合は非常にスピーディーに雇用調整を行うので、日本ほど「遅行」とも言えません。**

特に非農業部門雇用者数は、失業率よりもサンプル数が多いため、景気動向にダイレクトに影響することも多いです。ただし翌月に改定値が出ることも多いので、常に数値を追いかけておく必要があります。

遅行指標という性格から、**株価のトレンドを確認する統計**として影響力の大きいものと言えます。

GDPに並ぶほどの影響力を持つ雇用統計

雇用統計

米国労働省労働統計局
（https://www.bls.gov/）　毎月第1金曜日発表

○ **失業率**
一時解雇中の労働者も含む失業者の割合

○ **非農業部門雇用者数（NFP）**
農業以外の事業を行う企業の就業者の前月比増加分

この2つに
注目!

● 雇用統計のサプライズでドル円も大きく変動

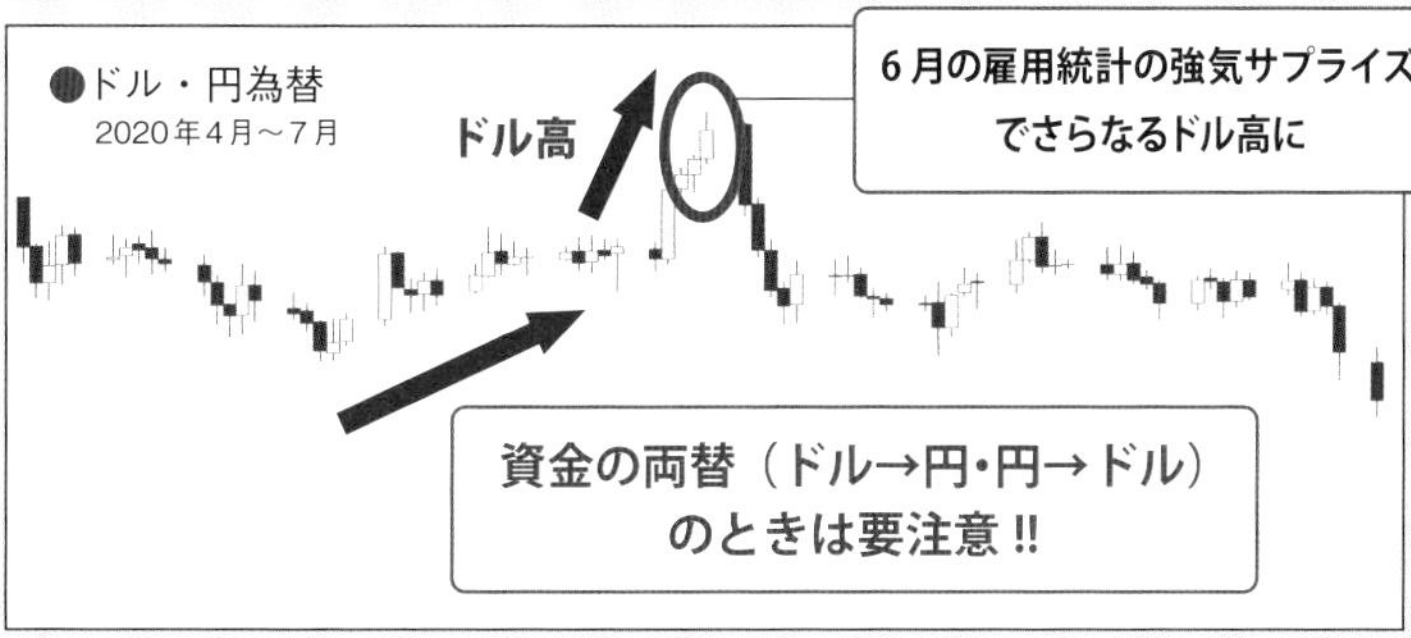

チャート：著者作成

● 雇用統計は遅行指標？

遅行指標

現状の経済の実態を改めて表す
「雇用統計は遅行指標の代表」
と言われることも多い

先行指標

経済の先行きを示す指標

ただし…

米国の場合は非常にスピーディーに雇用調整を
行うので、日本ほど「遅行」とは言えない

SECTION 3

GDPに影響大！消費者関連統計

GDPの多くを占める個人消費の関連統計

米国のGDPの約70％は個人消費です。となると、当然、**個人消費関連の統計は注目されます**。重要度の高い3つの統計を説明しましょう。

百貨店など小売業の売上サンプル調査を元に推計したものが小売売上高です。これは個別の数値を見るのではなく、数ヵ月単位での推移や前年同月比を見ます。米国では秋の感謝祭から年末のクリスマスにかけてセールシーズンになるので、こうした傾向も把握しておきましょう。

消費動向をはかる消費者信頼感指数

小売売上高の前段に位置するのが消費者信頼感指数です。消費者が現在・近い未来の経済に対してどの程度の信頼感を持っているのかを指数化したものです。個人の消費動向をはかる指標、さらにGDPに影響を与える指標として注目されます。

民間調査機関であるコンファレンスボードによる消費者信頼感指数と、ミシガン大学によるミシガン大学消費者信頼感指数の2つをチェックしましょう。どちらもアンケート調査をもとにした指数のため、消費者のマインドをいち早くつかむことができます。

調査規模の小さいミシガン大学消費者信頼感指数でトレンドを見て、より広範囲に調査しているコンファレンスボードによる消費者信頼感指数をチェックするという見方をするのがよいでしょう。

また、構成項目の1つに雇用関連も含まれているため、雇用統計へも影響を与えるとされています。

このように消費者信頼感指数はほかの統計への影響が大きいため、**先行指標の代表的なもの**と言えます。

GDPの布石となる消費者関連指数

ミシガン大学消費者信頼感指数

ミシガン大学
サーベイ・リサーチセンター
毎月10日前後の金曜日に速報値、
第4金曜日に確報値を発表

300人によるアンケートの速報値と500人によるアンケートの確報値を発表

↓

消費者信頼感指数

米民間調査機関の
コンファレンスボード
毎月最終火曜日に発表

5000世帯を対象にアンケート調査

↓

小売売上高

米国商務省
毎月第2週に発表

調査後、約2週間でスピーディーに発表

↓

GDP へと影響

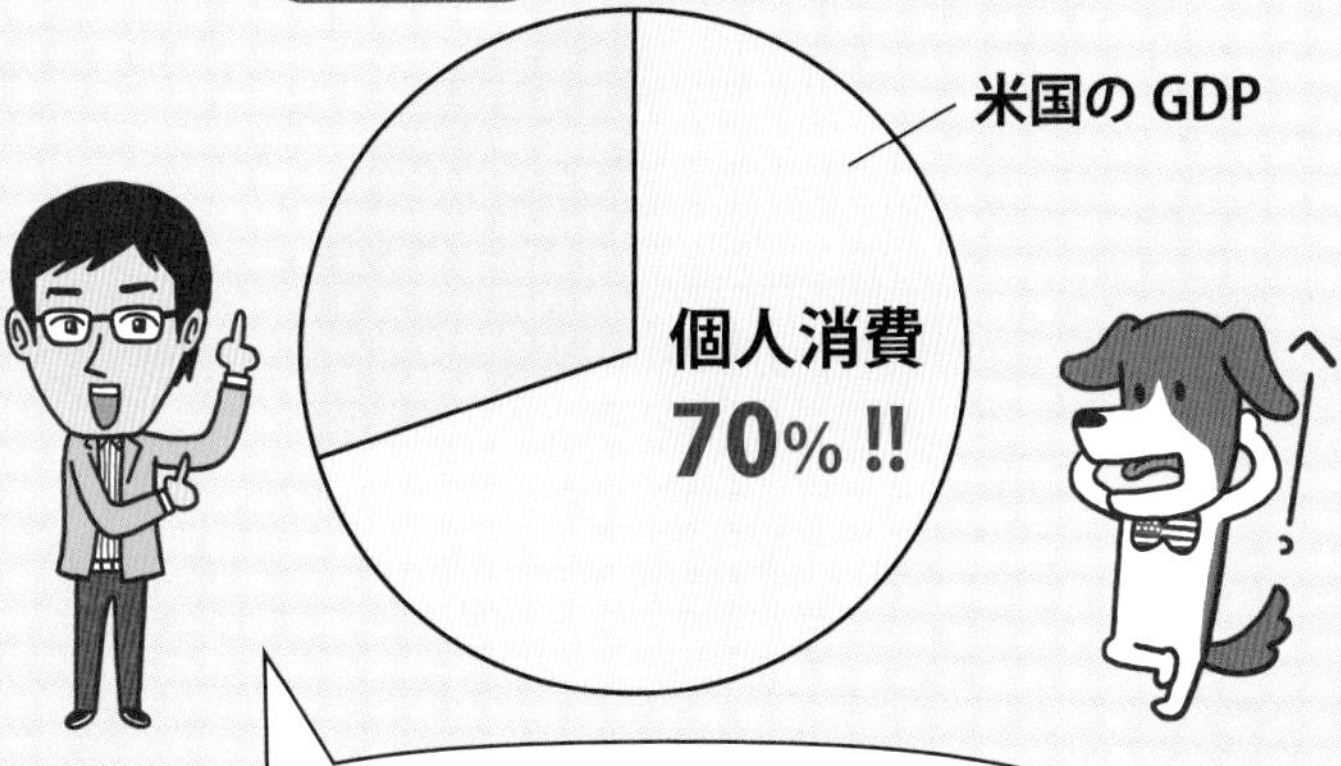

遅行指標とされる雇用統計に対し、
消費者関連統計は先行指標の代表格です。
ここから消費者のマインドを把握します

SECTION 4

政策金利と株価の関係は？

FRBが米国の政策金利を決定

金利動向は株価に影響を与えますが、もっとも影響力が大きいのが政策金利です。

金利を決定するのは各国の中央銀行。日本なら日本銀行、**米国ならFRB（連邦準備制度理事会）です。**

中央銀行が決定する金利を「政策金利」といいます。中央銀行が民間の銀行に貸し出しをする際の金利のことです。お金の流れの大元の段階で金利を調整することで景気動向やマーケットをコントロールし、極端なインフレやデフレが進行しないようにします。

景気が過熱しているようなら金利を引き上げて市中に流れるお金を抑制します。逆に景気が落ち込んでいるときは、金利を引き下げて市中にお金が流れやすくします。こうして流れたお金は企業の設備投資などに向けられ企業業績が向上、個人の消費増にもつながり株価が上昇するというわけです。

例えば米国では、２０２０年６月から２０２２年３月まではコロナ対策としてゼロ金利政策を進めていました。しかしそれ以降は米国経済の急速な回復による物価上昇を抑制するために利上げを続けていました。

このように、政策金利は経済状況を見ながら機動的に調整されます。

注目イベントFOMC

米国の政策金利は、**年に8回行われるFOMC（連邦公開市場委員会）で決められます。**FOMCは約6週間ごとの火曜日※に開催され、そこでFFレート（政策金利）が決定されます。**FOMCでは議長の発言が為替・株式市場に大きなインパクトを与える**こともたびたびあります。

※２日間の場合は火・水曜日

株価に影響？政策金利

FRB（連邦準備制度理事会）が約6週間ごとの火曜日に開催されるFOMC（連邦公開市場委員会）で政策金利を決定

●NYダウ 2016年～

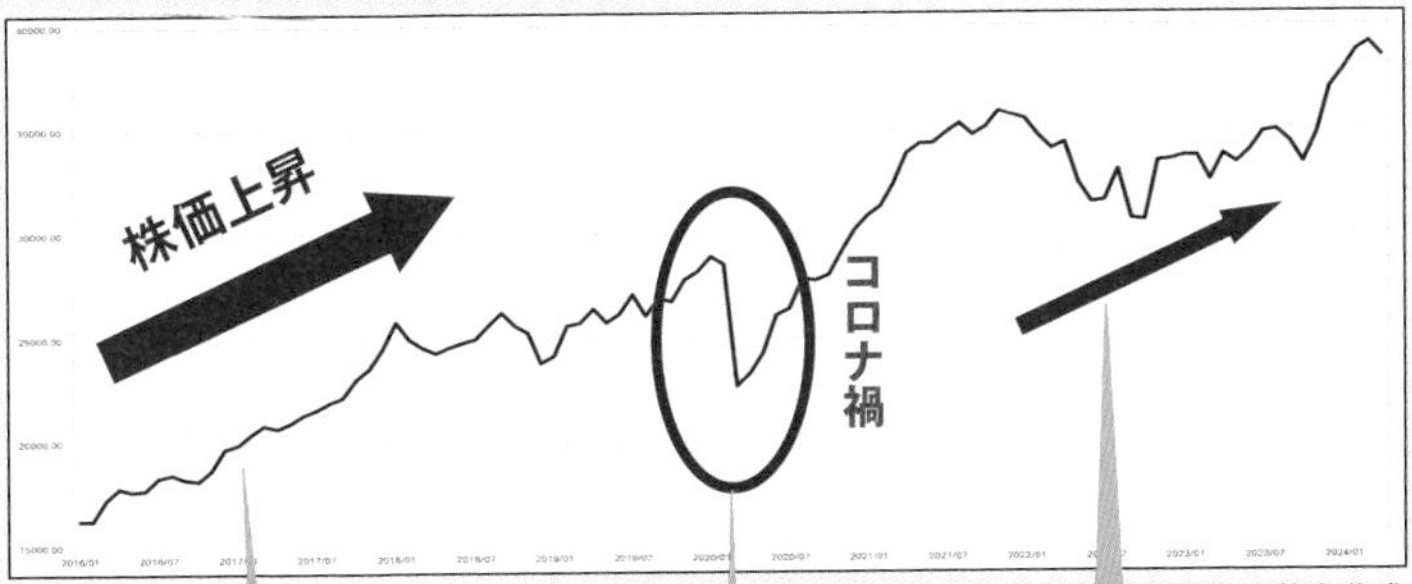

チャート：著者作成

●米国政策金利（FFレート）

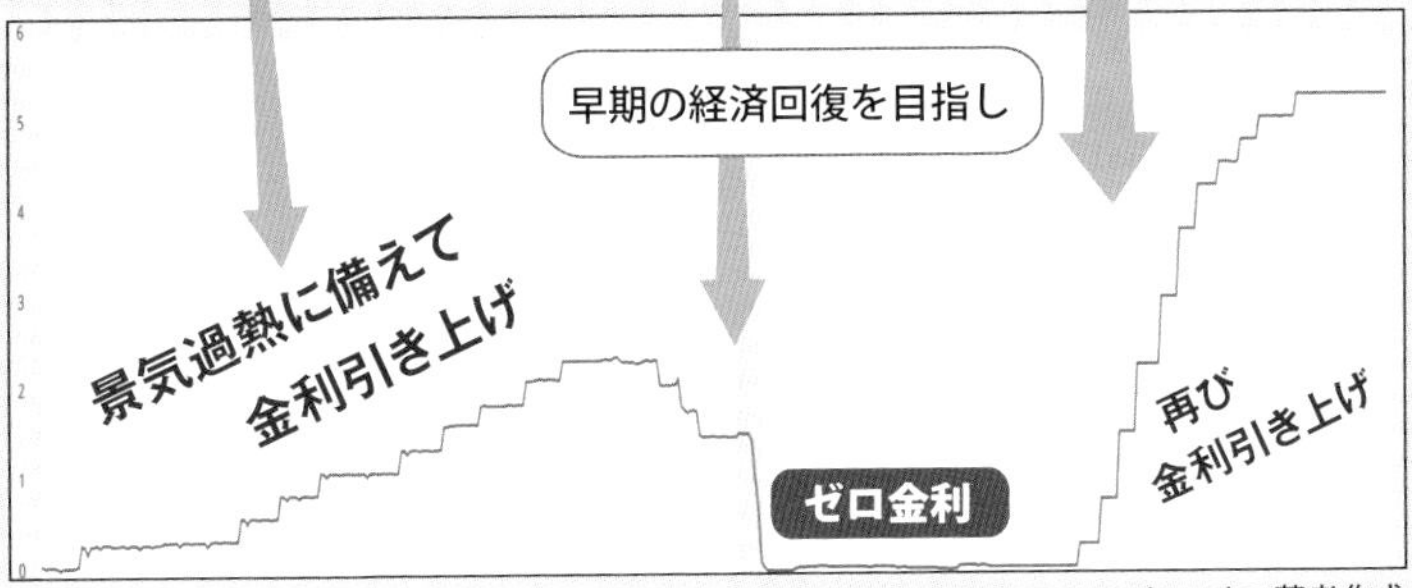

チャート：著者作成

FOMCはマーケット全体にとっても大きなイベント。政策金利だけでなく議長発言にも注目です!!

To start U.S.stocks investment with NISA

COLUMN 8

米国株と日本株の関係

米国株と日本株の関係性は時代によって大きく変化します。これまで、米国と米国の同盟国であり経済的にも依存関係が強い日本は、お互いの株価が同じように動きがちでした。

しかし近年は、その関係も少しずつ変化してきています。米国がこれまでやっていなかった産業政策を行うようになり、「米国による米国のための政治・経済政策」を進めています。２０２４年に入って米国株が足踏みしながらも上昇しているのはこのためです。

一方で、日本株・日本企業も力強く成長しています。日経平均の上昇は海外からお金が入っていることが大きな理由ですが、実体経済もマイナス金利政策の解除や賃上げに見られるように、大きく回復してきています。今まで過小評価されていた日本株・日本企業が再評価され始めています。

このように日米の株価の関係性は少し離れたものの、よい距離感になっていると思われます。むしろお互いに好影響を与える立場になったとも言えます。

私たち個人としては、日本経済である日本企業に勤務し、資産は米国経済である米国株に投資をするのが賢明な形になりそうです。

あとがき

株式投資は、投資した企業の歩みに合わせて自分の資産を成長させていく「物語」だと思います。そして新 NISA は私たちが選んだ会社とともに歩んでいくことを、政府が今まで以上にサポートしてくれる制度です。

大切な自分の資産を任せるパートナーである投資先の企業は、これからもしっかりと成長してくれる頼れる企業・銘柄である必要があります。米国株には新 NISA で共に歩んでいける銘柄がたくさんあります。

日本でも 2024 年に 34 年ぶりにバブル時代の日経平均高値を更新しました。また賃上げも行われており、経済は堅調です。しかし米国株はそれ以上に好調です。米国企業の戦略もさらに高度化しています。今までの「モノ」や「コト」を売るだけではなく、プラットフォームを提供し、生活の根本を押さえるようになってきています。今や、マックもウィンドウズも使えないと仕事はできませんし、アイフォンとアンドロイドが使えないと、誰と連絡を取るにしても苦労が多くなります。このような超大企業の展開に対して、消費者として利用するだけでなく、その会社のオーナー・株主としてその企業展開や商品開発を眺めることは大変エキサイティングです。もしかしたら新商品を手にした消費者の立場以上にワクワクすることかもしれません。

米国株の多くは世界展開をしている世界株であり、日本でもさまざまな会社が事業を展開しています。米国株と言っても上場している場所が米国というだけで、多くは私たちの身近な会社であり、世界を舞台にしている会社であります。こうした企業に投資することで、私たちの日常が世界につながっていることを感じるようになり、皆様の世界は大きく広がっていくと思います。遠い世界での出来事が、非常に身近でリアルなものに感じられるようになるでしょう。

もちろん、それに加えて米国株投資では投資した資産が増えていくことを十分に期待できますし、新ＮＩＳＡでそのメリットを最大限に受け取ることができます。皆様の夢と資金を預けて一緒に歩むことができる会社が米国株にはたくさん存在しています。本書が、皆様の米国株投資のガイドになるなら、それ以上に幸せなことはありません。

岸　泰裕

【た行】

【な行】

【は行】

【ま行】

INDEX

※各用語の該当ページは見開きのセクションごと（偶数ページ）に表記。
はじめに、おわりに、用語解説、Miniコラム、注目の個別銘柄の一部のみ奇数ページ表記。

●著者紹介

岸 泰裕（きし やすひろ）

金融工学MBA取得の金融・財務のプロフェッショナル。1985年、滋賀県出身。明治大学商学部卒業後、Citiグループの持株会社である日興シティホールディングスに勤務しつつ早稲田大学にて金融工学MBAを取得。その後、SMBC日興証券・スタンダードチャータード銀行東京支店を経て、参議院議員事務所など政治業界にも関わる。東証プライム上場の大手通信会社の財務部資金課長として勤務した後、現在はソニーグループ子会社にて上場準備業務を担当。明治大学などで「投資・運用」などについて講義を行っている。豊富な経験と幅広い金融人脈、最新のインターネット情報を駆使した講義が初心者にもわかりやすく、実践的であると好評を得ている。

【staff】

●本文イラスト／ハピネス☆ヒジオカ　●本文図版作成・デザイン／吉岡宏之
●編集協力／桜田一哉　●企画・編集／成美堂出版編集部

本書に関する情報は、下記のアドレスで確認することができます。
https://www.seibidoshuppan.co.jp/support/

上記アドレスに掲載されていない箇所で、正誤についてお気づきの場合は、書名・質問事項・氏名・郵便番号・住所・FAX番号を明記の上、**郵便**または**FAX**で**成美堂出版**までお問い合わせください。
※電話でのお問い合わせにはお受けできません。
※本書の正誤に関する質問以外はお受けできません。また本書の内容を超えるご質問につきましては、お答えできない場合がございますので、ご了承ください。
※ご質問の到着後10日前後に、回答を普通郵便またはFAXで発送いたします。

本書は経済情報ならびに投資に役立つ情報の提供を目的としたもので、特定の投資行為の推奨を目的としたものではありません。また、本書ならびに執筆者が投資の結果に責任を持つものではありません。投資およびそのほかの活動の最終判断は、ご自身の責任のもとで行ってください。

新NISAではじめる 米国株投資

2024年6月20日発行

著　者　岸《きし》 泰《やす》裕《ひろ》
発行者　深見公子
発行所　成美堂出版
〒162-8445　東京都新宿区新小川町1-7
電話(03)5206-8151　FAX(03)5206-8159
印　刷　株式会社フクイン

ISBN978-4-415-33417-2
落丁·乱丁などの不良本はお取り替えします
定価はカバーに表示してあります